治術興邦

——治國要領

鄧啓著

文史哲出版社印行

國立中央圖書館出版品預行編目資料

治術興邦 / 鄧啓著. -- 初版. -- 臺北市 : 文史哲, 民82
面 ; 公分.
ISBN 957-547-220-9(平裝)

1. 政治 - 論文, 講詞等

573.07 82002997

治術興邦

著者：鄧啓
出版者：文史哲出版社
登記證字號：行政院新聞局局版臺業字五三三七號
發行人：彭正雄
發行所：文史哲出版社
印刷者：文史哲出版社
台北市羅斯福路一段七十二巷四號
郵撥〇五一二八八一二彭正雄帳戶
電話：三五一一〇二八

實價新台幣一四〇元

中華民國八十二年五月初版

ISBN 957-547-220-9

治術興邦序

治術之學，前此研之者少。余鑒於近世政象紛歧，亂多治少，掌國者多私心自用，論政者每强調西方制度，馴至多假民主之名，行賄選之實，致使貪鄙者登庸，賢能者卻步，而國事益壞亂不堪矣。夫任何良法美制，若無公忠愛民之人行之，必然失敗，此余所以鑽研治術，欲補西學缺失，而有裨治道也。於是殫精竭慮，撰成「治術舉要」一篇，歷舉治術要領，往年撮要發表，謬荷識者嘉許。惟思所見或有不週，因再列舉古人高論，或爲聖哲，或乃明主，其說足垂千古，讀者前後合觀，深信必有助於治道之益明。乃顏曰：「治術興邦」，示治國要道全在於是矣。末篇「流業」一文，乃古人析論人材類型，可爲今後當國者識拔良佐之參考。惜乎，今人對治術之學或多茫然，余特大聲急呼，此學關係治亂，國之大事，不可忽也。又以我國政教向重傳承，有政統道統之說，因作「統論」，亦刊於後。雖今世異說紛紜，而博雅君子，應可辨焉。若使統緒既正，治術亦佳，此郅治之世，歷代鮮有，寄望異世，賢豪啓之！

鄧啟：字子發，山西懷仁人，民國十年生。

國立山西大學畢業，私立華西大學研究所研究。

曾任太原綏靖公署少將參事，軍委會委員長成都行轅少將參議，銓敘部簡任秘書，私立華西大學副教授，銘賢學院教授，教育部特約編審，省立暨國立臺北工專教授，先後近三十年。

鄧氏兼治文史，主張學問之道必須經世致用，近年致力於治術之學，鑽研如何治國經邦。著作有「資治文鑑」、「國史新論」、「修己論綱」（亦名「心性論綱」）、「司馬光學述」、「通鑑論贊輯要箋」、「存養錄」、及本書等。其闡揚儒學作品，曾獲新加坡政府特函讚譽。

治術與邦　目次

治術舉要

附　錄

古人高論

統論

壹、至公

天至公，四時行焉。地至公，萬物生焉。人至公，萬方服焉。至公之要，無私是也。堯舜禪讓，無私也。

堯舜禪讓爲我國公天下之典範。堯，姓伊祁，名放勳，國號唐。舜，姓姚，名重華，國號虞。堯在位九十八年（含舜代二十八年），禪位於舜；舜在位一十八年，禪位於禹。

創傳賢而不傳子之例。

華盛頓功成而身退，無私也。

華盛頓爲美國開國元勛，領導十三州抗英獨立，建立美利堅合衆國，連任美國大總統，其後不戀名位，毅然身退，美國人尊爲國父。

祁奚薦仇，無私也。

呂氏春秋孟春紀「貴公」篇曰：「晉平公問於祁黃羊曰：『南陽無令，其誰可而爲之？

』祁黃羊對曰：『解狐可。』平公曰：『解狐非子之讎邪？』對曰：『君問可，非問臣之讎也。』平公曰：『善。』遂用之，國人稱善焉。居有間，平公又問祁黃羊曰：『國無尉，其誰可而爲之？』對曰：『午可。』平公曰：『午非子之子邪？』對曰：『君問可，非問臣之子也。』平公曰：『善。』又遂用之，國人稱善焉。孔子聞之曰：『善哉，祁黃羊之論也，外舉不避讎，內舉不避子，祁黃羊可謂至公矣。』」按黃羊，祁奚之字。

諸葛亮刑人而不怨，無私也。

諸葛亮刑人而不怨，指廖立、李嚴。初，長水校尉廖立，自謂才名，宜爲諸葛亮之副。常以職位游散，怏怏怨懟，嘗誹謗先帝，疵毀衆臣，亮廢立爲民，徙之汶山。及亮卒，立垂泣歎曰：「吾終爲左衽矣。」李嚴後改名平，與諸葛亮並受遺詔，輔幼主。建興九年春，亮攻祁山，李平留後，主督運事。値天霖雨，運糧不繼，平遷參軍狐忠、督軍成藩，喻指呼亮來還，亮承以退軍。平聞軍還，乃更陽驚，說軍糧饒足，何以便歸？欲以解己不辦責，顯亮不進之愆。又表後主，說軍僞退，欲以誘賊與戰，亮俱出其前後手筆書疏，本末違錯，平辭窮情竭，首謝罪負。於是亮表平前後過惡，廢平爲民，徙梓潼郡。平聞亮卒，亦發病死。蓋平常冀亮後收己，得自補復，策後人不能也。（事見三國志廖立李嚴傳）。

皆至公也，故萬方服焉。

自禹傳子，易公爲私，繼之力取者有之，篡竊者有之，巧奪者有之，種種飾說，爲之掩護，自是而永爲家天下矣。今之民主亦只集團專政而已，雖英美先進，距公天下之境尚遠。雖然，若使得一明智領袖，先國而後黨，尚有可爲。惜乎，十九反是。此所以列國政爭多而和協少，傷害民意，阻礙進步，陷於政黨互爭之局，此尚不若開明專制之爲愈。

嗟呼，開明亦難矣！三代之下，開明者有幾？既家天下矣，而又不開明，此所以歷代紛爭，禍亂相尋，而永無治平。掌國者其鑒之哉！

貳、知人

爲政之道，得人爲先。得一管仲，齊國稱霸，得一諸葛，鼎足勢成。得之之法，在能知人。管仲射鉤，而齊桓能用之；

齊襄公無道，諸弟出國避禍。公子糾母魯女，因奔魯，召忽、管仲傅之。公子小白奔莒，鮑叔傅之。周莊王十一年，襄公爲公孫無知所弒，無知自立爲君。翌年雍林人襲殺無知，齊大臣議立新君，公子小白由莒返，魯亦發兵送公子糾，使管仲遮莒道，管仲射小白，中帶鉤，小白佯死，公子糾乃緩行。小白先返齊，大夫高傒等擁立之，是爲桓公。乃出兵拒魯，大敗魯軍於乾時，因迫魯殺公子糾以和，召忽自殺。管仲被囚送至齊，桓公欲殺之。鮑叔進曰：「君欲霸王，非管夷吾不可。」桓公從之，厚禮以爲大夫。其後當政，助桓公成霸業，爲五霸之首。（見史記齊世家）

諸葛躬耕，而先主能禮敬之，

蜀漢建興五年，亮率諸軍北駐漢中，臨發上疏（世稱出師表）。中有云：「臣本布衣，躬耕於南陽，苟全性命於亂世，不求聞達於諸候。先帝不以臣卑鄙，猥自枉屈，三顧臣於草廬之中，諮臣以當世之事，由是感激，遂許先帝以驅馳。」（見三國志諸葛亮傳）按，諸葛亮字孔明，琅邪陽都人。亮早孤，漢末，隨從父玄至荆州，依劉表，躬耕於南陽。時，先主屯新野，徐庶見先主，先主器之，庶因薦亮，促先生枉駕顧之。由是先主乃詣亮，凡三往，乃見。是時先主尙領左將軍，曾爲豫州牧，爲曹操所敗，乃投劉表，正求賢若渴。

此皆明足以知人，又尊寵任之，故均成勛業，名垂千古。韓信偏裨，而蕭何力薦之；

韓信淮陰人，家貧無行，不能治生商賈。常從人寄食飮，人多厭之。嘗因飢賴有漂母飯信。淮陰屠中少年，有侮信者，令出胯下，信竟忍辱出胯下，一市人皆笑之，以爲怯。後杖劍從項梁，梁敗，又屬項羽，羽以爲郎中，然不用其策，乃亡歸漢。漢王拜爲治粟都尉，亦未之奇也。信數與蕭何語，何奇之。漢王至南鄭，諸將士卒皆思歸，多道亡者，信度王不我用，亦亡去。何聞信亡，自追之，人有言丞相何亡，王大怒，如失左右手。及何來謁，始知何乃追韓信也。王罵曰：「諸將亡者以十數，公無所追，追信詐也。」何曰：「諸將易得耳，至如信者國士無雙。王若欲爭天下，非信無可與計事者，顧王策安所決耳。」王曰：「吾亦欲東耳，安能鬱鬱居此乎？」於是以信爲將，何復請，王曰：「以爲大將。」於是設壇拜將，及至拜將，乃韓信也，一軍皆驚。其後信助漢王定三秦，北禽魏，取代、仆趙、脅燕、東擊齊而有之、南滅楚於垓下，漢王之有天下，大抵皆信之功也。（略見史記淮陰侯列傳）

李靖因虜，而世民特赦之，後均建奇勛。

李靖字藥師，京兆三原人。仕隋爲殿內直長，吏部尚書。大業末，爲馬邑丞。高祖（李淵）擊突厥，靖察有非常志，因自囚上急變，傳送江都。至長安，道梗。高祖已定京師，將斬之，靖呼曰：「公起兵爲天下除暴亂，欲就大事，以私怨殺誼士乎？」秦王（指李世民）亦爲之請，得釋，引爲三衛。其後從秦王屢立戰功，綜其勛績，南平吳、北破突厥、西定吐谷渾，官至尚書左僕射，封衛國公。（略見新唐書李靖李勣列傳）

安劉者勃，此漢高之先見，

漢高帝十二年，帝親擊英布，爲流失所中，疾甚。呂后問曰：「陛下百歲後，蕭相國既死，誰令代之？」上曰：「曹參可。」問其次，曰：「王陵可，然少戇，陳平可以助之。陳平智有餘，然難獨任，周勃重厚少文，然安劉者必勃也，可令爲太尉。」（見資治通鑑漢紀高皇帝）及高帝崩，惠帝早世，呂后臨朝，大封諸呂爲王。後諸呂當權，欲爲亂，賴周勃糾合朱虛侯劉章等，以計奪呂祿兵，殺呂產、呂祿、呂通，迎立代王恆爲帝，劉氏始安。高帝之先見，至是果驗。

危曹者司馬，斯孟德之明察，後果如所料。

曹操爲丞相，辟司馬懿爲文學椽，懿從操討伐群雄，屢進奇謀。懿爲人內忌外寬，習於權變，不爲操所喜。操察懿有雄豪志（按指異志），有狼顧相，欲驗之。乃召使前行，令反顧，面正向後，而身不動。因謂太子丕曰：「司馬懿非人臣也，必預汝家事。」丕與懿善，每相全佑，得免。及丕即位，以懿爲尚書，遷左僕射，丕疾篤，以懿與曹眞、陳群同受遺詔輔政。其後懿屢立戰功，進位太尉，及明帝病甚，又以懿與曹爽同受顧命，輔幼主齊王芳。後爽驕恣，懿以計殺爽，自是獨攬朝政。此後其子司馬師、昭相繼專政，至其孫司馬炎，遂篡魏爲晉。證明孟德明察，果不出其所料。（略見晉書宣帝紀）

此又知人之明證，皆人傑也。知人而不用，等於不知，用人而不專，等於不

用，故知人必善用之。爲政能得人，則成功過半矣。

叁、納　諫

集眾智，用眾力，如此者興。剛愎自用，拒諫飾非，如此者敗，歷驗不爽。掌國者納諫，而後可集大智慧，做大決策，成大功業。唐太宗英主也，多容逆耳之言，故成貞觀之治。

三代以下，唐太宗爲第一英主，要在能親賢納諫。讀「貞觀政要」一書，太宗與諸臣論政，爲臣者多能知無不言，爲君者又能虛懷接納，尤其魏徵多進逆耳之言，太宗悉能容之。及魏徵逝，太宗慟甚，臨朝歎曰：「以銅爲鑑，可正衣冠；以古爲鑑，可知興替；以人爲鑑，可知得失。朕嘗寶此三鑑，今魏徵逝，朕亡一鑑矣。」

秦穆公明君也，能認違蹇之過，終列五霸之一。

魯僖公三十年九月甲午，晉侯（文公）秦伯（穆公）圍鄭，以其無禮於晉（晉文公出亡
時過鄭，鄭遇之無禮），且二於楚也。晉軍函陵，秦軍氾南。鄭使燭之武夜縋而出，見
秦伯，說以亡鄭以陪鄰，無益於秦。秦伯悅，與鄭人盟，且使杞子、逢孫、楊孫戍之。
晉侯聞之亦退。三十二年冬，晉文公卒，杞子自鄭使告於秦，若潛師以來，國可得也。
穆公訪諸蹇叔，蹇叔以爲勞師襲遠，其誰不知？無乃不可乎？穆公辭焉。乃以孟明（視
）、西乞（術）、白乙丙爲將，出師於東門外。蹇叔哭師，穆公使人斥其老悖。翌年春
，秦師及滑，鄭商人弦高遇之，冒君命以乘韋先牛十二犒師，且使遽告於鄭。杞子等知
事洩，出奔，孟明知鄭有備，滅滑而還。至殽，爲晉師邀擊，秦軍大敗，三將被俘。賴
文嬴（襄公嫡母）設辭，使三子歸就戮於秦，襄公（文公子）許之。翌日先軫朝，怒責
縱俘不當，公使追，及諸河，已無及矣。秦伯素服迎師而哭曰：「孤違蹇叔，以辱二三
子，孤之罪也。」不替孟明，「孤之過也，大夫何罪？且吾不以一眚掩大德。」（略見
左傳秦晉殽之戰）

厲王止謗，卒失其位，

厲王虐，國人謗王。邵公告曰：「民不堪命矣。」王怒，得衛巫，使監謗者，以告，則

殺之，國人莫敢言。道路以目。王喜，告邵公曰：「吾能弭謗矣，乃不敢言。」邵公曰：「是障之也。防民之口，甚於防川，川壅而潰，傷人必多。民亦如之。是故爲川者，決之使導，爲民者，宣之使言。……夫民慮之於心，而宣之於口，成而行之，胡可壅也，若壅其口，其與能幾何？」王不聽。於是人莫敢言。三年，乃流王於彘。（略見國語周語上）

苻堅拒諫，竟遭慘敗。

前秦王苻堅，於滅前燕、取仇池、陷晉漢中成都、克前涼、定代地之後，國勢日盛。堅屢欲南下攻晉，雖賢相王猛臨終諫阻於前，其弟陽平公苻融懇勸於後，堅均不聽。終於晉太元八年秋七月，下詔大舉入寇，民每十丁遣一兵，其良家子有材勇者，皆拜羽林郎。又曰：「其以司馬昌明（晉孝武帝）爲尙書左僕射，謝安爲吏部尙書，桓沖爲侍中，勢還不遠，可先爲起第。」驕狂不可一世。八月甲子，堅發長安，戎卒六十四萬，騎二十七萬，旗鼓相望，前後千里。九月，堅至項城，涼州之兵始達咸陽，蜀漢之兵方順流而下，幽冀之兵至於彭城。東西萬里，水陸齊進，運糧萬艘。是時晉兵甚少，詔以謝石、謝玄、謝琰、桓伊等率兵八萬拒之。堅偵知晉兵少，自率輕騎八千，兼道就融於壽陽，欲速進攻。謝玄等乘其大軍未集，先遣廣陵相劉牢之趨洛澗，擊斬秦將梁成，又分兵斷敵歸津，秦軍步騎崩潰，爭赴淮水，晉軍水陸繼進，初獲勝利。苻堅登壽陽城望之，始有懼色。秦軍逼肥水而陣，謝玄遣使請融少卻，使晉軍得渡，以決勝負。堅欺晉兵少，欲乘其半渡擊之，遂允，麾師少卻。不意後卻不可復止，苻融馬倒被殺，晉軍乘勢進擊，秦軍大潰，自相蹈藉而死者，蔽野塞川。其走者聞風聲鶴唳，以爲晉軍且至，加以飢凍，死者什之七八，敗狀極慘。苻堅不聽諫阻，獲此結果，國勢頓挫。（略見資治通鑑晉紀孝武帝）

蓋一人之智慮有限，而多士之謀略週全，自古予智自雄，不納雅言，未有不敗者也。

納諫之訣，要在推誠，推誠然後下情上達。故明主鼓勵直言敢諫，即使諫不得體，言不可用，亦多優禮，蓋畏杜獻言之路也。納諫之功，不唯益智，亦易博同情，英相邱吉爾於戰時在下院答詢，每坦承戰敗過錯，屢獲議員歡呼支持。故今之民主國家領袖，若能領悟此理，多致力於此，則化解反對，博採眾智，有裨大計，誠非淺鮮。如此謀國，則成功之勝算甚大，不可不知也。

肆、授權

凡治之道，在上決策，交下執行，分層負責，追蹤考核。功則獎之，過則罰之，疏則教之，罪則殺之。權責相連，逐級授之，上不貪權，下不諉責，令出必行，求其貫徹。授權之道，在責專成，權不相侵，事不推卸，過失貽誤，唯職是問。授權宜專，非材勿用，用則信任，支持鼓勵，期其勝任。毋上干下，毋私求營，廉謹自持，以身作則。上或不正，下則效尤，威信一失，政令不行。

或曰：宵旰憂勤，巨細是問，始大有爲。余曰不然。在上無爲，始無不爲。籌大計，定大策，此在上之事也。分權受任，執行庶政，此在下之責也。若使上而干下，則庶政不行，下而干上，則越俎相侵，有一於此，流弊叢生，敗亂之階也。不可不察。

伍、立信

信爲國之大寶，自古聖帝賢王，未有不重信者。蓋國於天地，必有與立，則信是焉。捨信不足以治民，捨信不足以對外，民之不治，友邦之不信，國何以立？此所以齊桓不悔劫盟之諾，

曹沫爲魯將，與齊戰，三敗北。魯莊公懼，乃獻遂邑之地以和。齊桓公與魯君會於柯而盟。兩君既盟於壇上，曹沫執匕首劫齊桓公，左右莫敢動。桓公問曰：「子何欲？」曹沫曰：「齊彊魯弱，而大國侵魯，亦已甚矣。今魯城壞即壓齊境，君其圖之！」桓公乃許盡歸魯之侵地。既已言，曹沫乃投其匕首，下壇，北面就臣之位。桓公怒，欲背其約。管仲曰：「不可。夫貪小利以自快，棄信於諸侯，失天下之援，不如與之。」桓公乃遂割魯侵地，曹沫三戰所亡之地，乃盡復歸魯。（略見史記刺客列傳）

晉文不失舍原之言，皆立信之故也。

周王子帶之亂，襄王出居於鄭，晉文公納之。王入於王城，勞之以地。文公請隧，弗許。曰：「王章也。未有代德，而有二王，亦叔父之所惡也。」與之陽樊溫原攢茅之地。陽樊不服，乃出其民。冬、晉侯圍原，命三日之糧，原不降。命去之（文公命晉師去原也），諜出曰：「原將降矣。」軍吏曰，請待之。公曰：「信、國之寶也，民之所庇也。得原失信，何以庇之？所亡滋多。」退一舍而原降。（略見左傳「晉文納王請隧」）

今世各國類皆反是，早令而夕改，昨約而今毀，不一而足。以故戰亂相尋，禍患迭興，叔季之世，謀國者異趨，可勝嘆哉！

或曰，「兵不厭詐，何必立信？古者宋襄公之仁，終於取敗，」

宋襄公與楚人戰於泓，宋人既成列，楚人未既濟，司馬曰：「彼衆我寡，及其未既濟也，請擊之。」公曰：「不可。」既濟而未成列，又以告，公曰：「不可。」師陣而後擊之，宋師敗績。公傷股。門官殲焉。國人皆咎公，公曰：「君子不重傷，不禽二毛。古之爲軍也，不以阻隘也。寡人雖亡國之餘，不鼓不成列。……」（見左傳「宋師敗績於泓」）按：「不重傷，」指敵人既傷，不忍再傷之也。「不禽二毛」，指不殺髮斑白之人。此即宋襄公之仁。

今則美國在韓作戰，明示不越三十八線，卒難制勝，此守信之咎也。嗟呼，是則迂也，豈足言信？夫爲政求治也，失信何以爲治？作戰求勝也，致勝端賴權謀，二者大異。豈可執一而論哉？

陸、賞罰

賞罰之道，要在無私，賞從疏始，罰不避親。雍齒封侯，賞從疏始也；

漢高帝初得天下，已封大功臣二十餘人，其餘日夜爭功不絕，帝慮有變，以問留侯。留侯問曰：「陛下生平所憎群臣誰最甚者？」帝曰：「雍齒。雍齒數窘辱我，我欲殺之，爲其功多，故不忍。」留侯曰：「今急先封雍齒，則人人自堅矣。」乃封雍齒爲什方侯。於是群臣皆喜曰，雍齒尚封侯，我屬無患矣。（略見資治通鑑漢紀高皇帝）

商鞅刑傅，罰不避親也。

商鞅者，衛之庶孽公子也。事魏相公叔痤，公叔病逝，魏王不能用鞅，鞅聞秦孝公求賢，乃如秦，說秦孝公以霸道，孝公大悅，任以國政。鞅議變法，恐民之不信也，乃立三丈之木於國都南門，募民之能徙至北門者，予五十金，有一人徙之，果予五十金。以明不欺。朞年，秦民之國都，言初令之不便者，以千數。於是太子犯法。鞅曰：法之不行，自上犯之，將法太子。太子君嗣也，不可施刑，乃刑其傅公子虔，黥其師公孫賈，明日秦人皆趨令。行之十年，秦民大悅，道不拾遺，山無盜賊。（略見史記商君列傳）

古今人多明此理而不爲者，私之故也。

夫名位重器也，須之必公，公則群下知所奮勉。利祿財貨也，分之宜當，不當則遠近難免怨望。懲一儆百，古有明訓，罪而不罰，循情贍私，必至人懷不平，士習疲墮，久之，沉痾無救，頻臨敗亡之秋矣。可不愼乎？

柒、膽識

料事賴識，應變賴膽，膽從識生，無識之膽輒敗。識者治事之利器，而應變之所必具者也。蓋人之才智不同，英明者敏而善斷，凡庶者鈍而遲緩，若李世民之推心納降：

武德三年二月，太宗討劉武周於柏壁。武周令宋金剛、尉遲敬德來拒，金剛戰敗，敬德與尋相率軍八千來降，仍令敬德督之，與軍營相參。屈突通懼其爲變，驟以爲請。太宗曰：「昔蕭王推赤心置人腹中，並能畢命。今委任敬德，又何疑也？」後尋相叛，諸將疑敬德且亂，囚之行臺，屈突通、殷開山共請殺之。太宗拒之，且引入臥內曰：「丈夫以意氣相許，小嫌不足置胸中。」且賜之金。曰：「必欲去，以爲汝資。」由是敬德感激，其後屢建奇勛，爲唐開國名將。（參閱新舊唐書尉遲敬德列傳）

郭子儀之單騎退敵，皆膽也，亦識也。

郭子儀，唐華州人。天寶間，安祿山反，玄宗避寇入蜀，賴子儀提軍勤王，輔肅宗，平安祿山父子之亂，再造唐室，立大功。及代宗立，叛將僕固懷恩說吐蕃、回紇、黨項、羌、渾、奴刺等族，合三十萬人掠涇、邠，躪鳳翔，入醴泉、奉天，京師大震。是時子儀部曲已多離散，帝乃急詔其屯涇陽，並令李忠臣等數將分屯近畿各地，眾纔萬人。及子儀到，虜騎已圍，乃身率鎧騎二千，出入陣中。回紇怪問左右：「是誰？」報曰：「郭令公。」回紇驚曰：「令公存乎？懷恩言天可汗棄天下，令公即世，中國無主，故我從以來。公令存，天可汗存乎？」報曰：「天可汗萬壽。」回紇悟曰：「彼欺我乎？」子儀將出，左右諫，子儀曰：「虜家數十倍，今力不敵，吾將示以至誠。」乃以數十騎出，免冑見其大酋，諭以誠信。其酋捨兵下馬，拜曰：「果吾父也。」子儀乃與結好如初，遂合回紇兵，破土蕃於靈臺、西原，斬級五萬，俘萬人。此足見子儀之膽識。（參閱新唐書郭子儀列傳）

識固天賦，然苟能多學以益之，多問以積之，久之自進。要之，膽識相連，學可益智，積之既久，識見倍增，自然之理也。故拙於識者宜多讀史，如對師保，如歷世變。宜近耆彥，耆彥之所歷，足以益我。識既精矣，則行自果，事變一來，立即肆應，庶不失機。

夫人之才有高下，識精行果，上也。臨事而慮，好謀而成，次也。優柔寡斷，坐失事機，下也。上智天賦，雄略之才自古少有，下愚難成，臨事而慮，好謀而成，可以爲政。故曰中材治國。中材者其勉之哉！

捌、度量

度量者，氣度雅量也。人之度量各有不同，史稱劉邦豁達大度，

史記漢高帝本紀曰：「高祖，沛豐邑中陽里人，姓劉氏。高祖爲人，隆準而龍顏，美鬚髯，左股有七十二黑子。仁而愛人，喜施，意豁如也。常有大度，不事家人生產作業。及壯，試爲吏，爲泗上亭長。」

孔子曰管仲器小，

論語八佾篇稱：子曰：「管仲之器小哉！」朱熹註曰：「器小，言其不知聖賢大學之道，故局量褊淺，規模卑狹，不能正身修德，以致主於王道。」余按此朱說也。實則管仲能尊王攘夷，致君成霸業，孔子曾褒之曰：「微管仲吾其被髮左衽矣。」孔子之指管仲器小，蓋責其不知禮而僭，如「邦君樹塞門，管仲亦樹塞門；邦君爲兩君之好，有反坫，管仲亦有反坫。」雖非大失，未免虛榮心態。朱子之說偏矣。

劉邦以一泗上亭長而竟有天下，管仲雖相齊稱霸而究爲人臣，抑度量不同之故歟？

自古以量而能進賢、馭下者，必爲賢能。管仲貪怯，鮑叔能諒之，且薦爲相，而齊國大治，此鮑叔之量也。

史記管晏列傳曰：「管仲夷吾者，穎上人也。少時常與鮑叔游，鮑叔知其賢。管仲貧困，常欺鮑叔，鮑叔終善遇之，不以爲言。已而鮑叔事公子小白，管仲事公子糾。及小白立爲桓公，公子糾死，管仲囚焉，鮑叔遂進管仲。管仲既用，任政於齊，齊桓公以霸，九合諸侯，一匡天下，管仲之謀也。管仲曰：『吾始困時，嘗與鮑叔賈，分財利，多自與，鮑叔不以我爲貪，知我貧也。吾嘗爲鮑叔謀事，而更窮困，鮑叔不以我爲愚，知時有利不利也。吾嘗三仕三見逐於君，鮑叔不以我爲不肖，知我不遭時也。吾嘗三戰三走，鮑叔不以我爲怯，知我有老母也。公子糾敗，召忽死之，吾幽囚受辱，鮑叔不以我爲無恥，知我不羞小節，而恥功名不顯於天下也。生我者父母，知我者鮑子也。』鮑叔既進管仲，以身下之，子孫世祿於齊，有封邑者十餘世，常爲名大夫。天下不多管仲之賢，而多鮑叔之能知人也。」據此，可見鮑叔能諒管仲之短，而用其長，其量可知矣。

鄧羌驍悍，王猛能馭之，每臨戰，羌必邀君重賞，猛慨允其請，果克敵制勝，此王猛之量也。

王猛相苻堅，得君之專，媲美諸葛。晉哀帝興寧四年，晉大司馬桓溫伐燕，燕請救於秦，許以虎牢以西之地。晉兵既退，燕人悔之。苻堅大怒，乃遣王猛等伐燕。五年八月，燕王慕容暐發精兵三十萬拒秦。冬十月，兩軍決戰。王猛望見燕兵之衆，謂鄧羌曰：「今日之事，非將軍不能破勍敵，成敗之機，在此一舉，將軍勉之！」羌曰：「若能以司隸見與，公勿以爲憂。」猛許以安定太守萬戶侯，羌不悅而退。俄而兵交，猛召羌，不應，猛馳就羌許之。羌乃大飲帳中，與張蚝、徐成等跨馬運矛，馳赴燕陣。出入數四，旁若無人，所殺傷數百，燕兵大敗，俘斬五萬餘人。乘勝追擊，所殺及降者又十萬人。慕容暐僅以身免，還鄴。（見資治通鑑晉紀）按：王猛之量，可謂大矣。自古大將臨陣邀君，爲兵家大忌。猛能慨允，乃權衡輕重，故建奇功。鄧羌乃前秦名將，驍勇異常，唯王猛能馭之。

無鮑叔則無管仲之功業，無王猛則無鄧羌之殊勛。夫能容人者人始爲其用，故子思譏衛君以二卵失干城，史稱子思薦茍變於衛侯，其材可將五百乘，衛侯以變曾取人二卵，而摒之不用。子思譏衛君未能用其所長，量不夠也。

劉邦論項羽以量狹失亞父，皆指量不足而失其材者也。

漢五年，高祖與諸侯共擊楚軍，與項羽決勝垓下，楚軍大敗，使騎將灌嬰追殺項羽於東城。漢王即皇帝位，置酒洛陽南宮。上曰：「徹侯諸將毋敢隱朕，皆言其情。吾所以有天下者何？項氏之所以失天下者何？」高起、王陵對曰：「陛下使人攻城略地，因以與之，與天下同其利。項羽不然。有功者害之，賢者疑之。此其所以失天下也。」上曰：「公知其一，未知其二。夫運籌帷幄之中，決勝千里之外，吾不如子房。鎭國家，撫百姓，給餽饟，不絕糧道，吾不如蕭何。連百萬之衆，戰必勝，攻必取，吾不如韓信。此三人皆人傑也，吾能用之，此吾所以取天下也。項羽有一范增而不能用，此其所以爲我擒也。」（略見史記漢高祖本紀）

夫有容乃大，容者包容也，必求完人，則世無可用之材，棄短用長，則儘多可取之士，爲政者不可不知。世之掌國者能否於萬千人之中略其小疵，識拔奇才異能之士，此則須視其人之量如何耳。

玖、節操

節操者，大節操守也。自古爲政凡生繫乎邦國安危、死足爲世範者，必皆有高世之節操，能爲人之所不能爲，其行也，悉以有利於生民社稷爲依歸。若諸葛公之鞠躬盡瘁，死而後已，

章武三年春，先主於永安病篤，召亮於成都，屬以後事。謂亮曰：「君才十倍曹丕，必能安國，終定大事。若嗣子可輔輔之，如其不才，君可自取！」亮涕泣曰：「臣敢竭股肱之力，效忠貞之節，繼之以死！」先主又爲詔勑後主曰：「汝與丞相從事，事之如父！」（見三國志諸葛亮傳）其後亮首遣使聯吳，遂爲與國。南平叛亂，又整軍講武，以俟大舉。建興六年起，乃大舉北伐，迄十二年春，凡六次。終以糧運不繼，阨於蜀道艱難，食少事繁，病逝於軍中。果如其所言。高風亮節，古今一人而已。

蘇武之仗節不降，牧羊北海，歷十九年。千古之下，皆令人起敬。

蘇武，漢杜陵人。武帝時奉使匈奴，被留，武不爲所屈。居海上，嚙雪吞氈，極盡艱苦。及還，昭帝拜爲典屬國，宣帝時賜爵國內侯。其大節迄今傳誦人寰。

是皆非常之人，所以有非常之節。夫諸葛賢相也，蘇武忠臣也，時代雖異，然其人格之超世則一。

拾、寬厚

待人宜寬，宅心應厚，此處世之要道。為政亦然。蓋賞罰宜公，但重罰之餘，應酌情予以矜恤；馭下宜嚴，於威嚴之外，應適時贍其生計。罰而見恤，易消不平之心，嚴而贍給，多生愛護之感。故法不容違，威信確立，情施法外，易致融洽。如此為政，庶少怨懟，惟處之應公，未可偏頗，施之宜誠，切忌權術，若使措施得宜，易勵感奮。此寬厚之用也。

拾壹、堅　忍

堅忍者，堅強果毅也。夫民可以樂成，不可與慮始，雖在今世，亦復如是。故決一策也，如爲長遠計，必須有大無畏之精神，悉力以行。事固有不便於當時，而有利於後世者，如大禹之治洪水：

當堯之時，洪水滔天，浩浩懷山襄陵，下民其憂。堯求能治水者，四嶽皆曰鯀可。堯用鯀治水，九年而水不息，功用不成。及舜登用，攝行天子之政，巡狩，視鯀治水無狀，乃殛鯀於羽山以死。於是舜舉鯀之子禹繼之。禹傷先人之功不成而受誅，乃勞身焦思，居外十三年，過家門不敢入。薄衣食，卑宮室，陸行乘車，水行乘船，泥行乘橇，山行乘檋。左準繩，右規矩，載四時。以開九州，通九道，陂九澤，度九山。令益予衆庶稻，可種卑濕。命后稷予衆庶難得之地。食少，調有餘相給，以均諸侯。禹乃行相地宜所有以貢，及山川之便利。禹行自冀州始，東漸于海，西被于流沙，朔南，聲教訖于四海

。於是錫以玄圭，以告成于天下，天下於是太平治。（略見史記夏本紀）

孟子滕文公章句上曰：「當堯之時，天下猶未平。洪水橫流，氾濫於天下。草木暢茂，禽獸繁殖，五穀不登，禽獸偪人。獸蹄鳥跡之道，交於中國。堯獨憂之，舉舜而敷治焉。舜使益掌火，益烈山澤而焚之，禽獸逃匿。禹疏九河，瀹濟漯，而注諸海。決汝漢，排淮泗，而注之江。然後中國可得而食也。當是時也，禹八年於外，三過其門而不入。」觀此，則大禹之勞苦不懈，堅忍圖成，其毅力可知矣。

始皇之築長城，

始皇二十六年，秦已併天下，乃使蒙恬將三十萬眾，北逐戎狄，收河南，築長城。因地形，用險制塞，起臨洮（屬隴西），至遼東，延袤萬餘里。於是渡河，據陽山（五原西安陽縣北有陰山，陰山在河南，陽山在河北。）逶迤而北，暴師於外十餘年。居上都。是時蒙恬威震匈奴。（見史記蒙恬列傳）

皆非英毅而不世出之領袖不能。退而求之，要當不畏艱阻，苟利於國，堅忍以赴。若夫畏首畏尾，敷衍苟安，以保祿位者，此政壇之蟊賊，非惟無能領導，尤應去之後快，烏足爲政哉！

拾貳、遠見

遠見者，能見人之所不能見也。人之智慧高下不同，必須有淵博之知識，超人之識見，高瞻遠矚，知己知彼，庶幾近之。如輔果料智伯之亡，

初、智宣子（名申）將以瑤爲後，智果曰：「不如宵也。瑤之賢於人者五，其不逮者一也。美鬢長大則賢，射御足力則賢，伎藝畢給則賢，巧文辯惠則賢，彊毅果敢則賢，如是而甚不仁。夫以其五賢陵人，而以不仁行之，其誰能待之？若果立瑤也，智宗必滅。」弗聽。智果列族於太史，爲輔氏。其後智襄子（即瑤）當政，脅韓康子及魏桓子，率韓魏之甲以攻趙襄子（名無恤）索地，圍晉陽，決堤灌城，城不沒者三版。趙使張孟談潛出，說韓魏以唇亡齒寒之理，乃共約反灌智伯軍共擊之，智軍大敗，遂殺智伯，盡滅智氏之族，唯輔果在。（見資治通鑑三家分晉之前）按：智伯爲晉卿之一，時已坐大。輔果原其族人。

孔明判三分之勢，

先主（劉備）在新野，三顧諸葛亮，諮以天下事。亮指陳未來，謂曹操已坐大，擁百萬之眾，挾天子以令諸侯，此誠不可與爭鋒。孫權據有江東，已歷三世，國險而民附，賢能爲之用。此可與爲援，而不可圖也。荊州北據漢沔，利盡南海，東連吳會，西通巴蜀，此用武之國 而其主不能守。此殆天所以資將軍。益州險塞，沃野千里，天府之土。劉璋闇弱，智能之士，思得明君。若能跨有荊益，保其巖阻，內修政理，外結好孫權，天下有變，則命一上將將荊州之軍，以向宛、洛，將軍身率益州之眾，以出秦川。誠如是，則霸業可成，漢室可興矣。（見三國志諸葛亮傳）按：此一席話，乃建議先主取得荆、益二州，即可與曹操、孫權勢力鼎足而三。

皆果如所料。似若神乎先知，實則衡情酌勢，見微知著耳。

夫人之不明，多害於私，凡夾私意，料事十九不驗。昔年北韓大舉南侵，美國毅然參戰抵抗，我國當局欣認引發美俄衝突，大戰即可爆發。余書生耳，堅認可能性極微，後大戰果未爆發。非後者智也，乃前者先蓄希望之意耳。

故公能生明，私則害智，自然之理也。

拾叁、智術

智術者，以智取勝之道也，大抵智高者，能決勝於機先。譬如曹操挾天子以令諸侯，有助其號令天下。

曹操本名微而家寡，漢末起兵勤王，首迎天子於亂軍之中，此後號令天下，得以逐漸剪滅群雄，殺呂布，降張繡，敗袁術、劉備等，固無論矣。即如袁紹擁四州之地，兵多將勇，氣勢浩大，而率爲操所敗滅，雖操之雄略機智勝紹，亦由挾天子以令諸侯以助之也。（略見三國志魏書武帝紀）

史達林一策三勝，不特解除強敵壓力，尤其獲利豐碩。

史達林者，蘇聯之獨裁領袖。當民國二十五年十二月十二日，張學良、楊虎城與中共合作，扣留蔣委員長中正，世稱西安事變，中外震驚。據張國燾回憶錄稱，當時毛澤東在延安，堅主殺蔣，不意蘇聯急電不可，令釋蔣言和，促成國共罷兵，舉國對外。是時日本國勢方張，早已呑我東北，正樹華北親日政權中，夢想逐漸蠶食全中國。且對俄亦有野心，蘇聯被迫節節退讓，尤其中共早已退處陝北一隅，岌岌可危。日本忽見我國可能統一，誠恐團結對外，乃悍然於翌年大舉侵華，我國被迫對日抗戰。由於史氏一電，獲致三大利益：一、立即解救中共垂危困境，二、促成中日雙方國力消耗，三、疏解日本對蘇聯壓力。此後中共更趁機發展，逐漸壯大。至二次大戰末期，蘇聯突然出兵東北，僅六日而席捲遼、吉、黑、工業及軍用設施，所獲極豐，並助中共進而控制東北，從此得與國軍對抗。觀此，證明曹史二人智術超人，一中一外，古今鮮有。

或曰：「君秉王道立論，而讚揚大獨裁者。」余答曰：「誤矣。余非認同史氏之獨裁作風，乃舉其決策之高明，不費一兵一卒而獲利無算，眞乃大智術也。」

拾肆、結　語

凡上所述，雖無高論，而爲政要旨，略具於是。自古聖賢教人修己治人，雖千言萬語，而欲求長治久安，要在行耳。執是以論，多言何益？

附錄

一、大學首章

禮記

大學之道①：在明明德②，在親民③，在止於至善④。

知止而后有定，定而后能靜，靜而后能安，安而后能慮，慮而后能得⑤。物有本末，事有終始，知所先後，則近道矣⑥。

古之欲明明德於天下者，先治其國；欲治其國者，先齊其家；欲齊其家者，先修其身；欲修其身者，先正其心；欲正其心者，先誠其意；欲誠其意者，先致其知；致知在格物⑦。

物格而后知至，知至而后意誠，意誠而后心正，心正而后身修，身修而后家齊，家齊而后國治，國治而后天下平⑧。

自天子以至於庶人，壹是皆以修身爲本。其本亂而末治者否矣，其所厚者薄，而其所薄者厚，未之有也⑨。

作者

大學一書，原本禮記之一篇。禮記爲孔門弟子引述孔子意旨，解說禮樂精義，兼闡立身治國之寶典。原爲百篇，漢戴德刪爲八十五篇，稱大戴記。其侄戴聖又刪爲四十九篇，稱小戴記，即今所通行本。本文爲儒家論修己治人之極則，從誠意正心，至修齊治平，爲儒家政治理想之最高境界。

①〔大學之道〕大學之說，先儒解釋不同，尤以朱子、陽明爲巨擘。今就兩家異同，分別略釋如下。朱熹注：「大，舊音泰，今讀如字。大學者，大人之學也。」王陽明則曰：「大人者，以天地萬物爲一體者也。其視天下猶一家，中國猶一人焉。若夫間形骸而分爾我者，小人矣。」（見大學問，下同）道，道理也，方法也。按：大人之學，謂修己治人之大學問也。

②〔在明明德〕朱熹注：「明，明之也。明德者，人之所得乎天，而虛靈不昧，以具衆理而應萬事者也。但爲氣稟所拘，人欲所蔽，則有時而昏，然其本體之明，則有未嘗

息者。故學者當因其所發而遂明之，以復其初也。」上明字作動詞解。陽明則曰：「大人之能以天地萬物爲一體也，非意之也。其心之仁本若是。其與天地萬物而爲一也，豈惟大人，雖小人之心亦莫不然，彼顧自小之耳。是故見孺子之入井，而必有怵惕惻隱之心焉，是其仁之與孺子而爲一體也。孺子猶同類者也，見鳥獸之哀鳴觳觫，而必有不忍之心焉，是其仁之與鳥獸而爲一體也。鳥獸猶有知覺者也。見草木之摧折，而必有憫恤之心焉，是其仁之與草木而爲一體也。草木猶有生意者也。見瓦石之毀壞，而必有顧惜之心焉，是其仁之與瓦石而爲一體也。是其一體之仁也，雖小人之心亦必有之。是乃根於天命之性，而自然靈昭不昧者也，是故謂之明德。……及其動於欲，蔽於私，而利害相攻，忿怒相激，則將戕物圮類，無所不爲。……故夫爲大人之學者，亦惟去其私欲之蔽，以自明其明德，復其天地萬物一體之本然而已耳。非能於本體之外而有所增益之也。」按：明德，爲人之本來之德性，與生俱來，爲人人所具有。特以私欲之蔽，有時而昏，故必須明其明德，以復其初。此之謂明明德。朱王所見尙無重大差異。

③在〔在親民〕朱注：「程子曰：『親，當作新。』新者，革其舊之謂也。言既自明其

明德，又當推以及人，使之亦有以去其舊染之污也。」陽明則曰：「明明德者，立其天地萬物一體之體也。親民者，達其天地萬物一體之用也。故明明德必在於親民，而親民乃所以明其明德也。是故親吾之父，以及人之父，以及天下人之父，而後吾之仁，實與吾之父，人之父，與天下人之父，而爲一體矣。實與之爲一體，而後孝之明德始明矣。親吾之兄，以及人之兄，以及天下人之兄，而後吾之仁，實與吾之兄，人之兄，與天下人之兄，而爲一體矣。實與之爲一體，而後弟之明德始明矣。君臣也，夫婦也，朋友也，以至於山川鬼神鳥獸草木也，莫不實有以親之，以達吾一體之仁，然後吾之明德始無不明，而眞能以天地萬物爲一體矣。夫是之謂明明德於天下，是之謂家齊國治而天下平，是之謂盡性。」按：朱熹章句爲大學新本。朱子以舊本有錯簡，因伊川所定，分別經傳（經一章，傳十章），更定序次，並補格致之傳。陽明則悉以舊本爲正，去分章，削補傳，次序悉還戴記之舊。故仍作「親民」。此爲朱王之大不同處。

④〔在止於至善〕朱注：「止者，必至於是而不遷之意。至善，則事理當然之極也。言明明德、新民，皆當止於至善之地而不遷。」陽明則曰：「至善者，明德新民之極則

也。天命之性，粹然至善，其靈昭不昧者，此其至善之發見，是乃明德之本體，而即所謂良知者也。至善之發見，是而是焉，非而非焉，輕重厚薄，隨感隨應，變動不居，而亦莫不自有天然之中。……故止至善之於明德親民也，猶之規矩之於方圓也，尺度之於長短也，權衡之於輕重也。」按：陽明之意，認此心純乎天理之極，便自得其天然之中，便是至善。

以上三句，朱子稱三綱領。

⑤〔知止而后有定，定而后能靜，靜而后能安，安而后能慮，慮而后能得〕朱注：「后，與後同。止者，所當止之地，即至善之所在也。知止，則志有定向。靜，謂心不妄動。安，謂所處而安。慮，謂處事精詳。得，謂得其所止。」陽明則曰：「人惟不知至善之在吾心，而求之於其外，以爲事事物物皆有定理也，而求至善於事事物物之中。是以支離決裂，錯雜紛紜，而莫知有一定之向。今焉既知至善之在吾心，而不假於外求，則志有定向，而無支離決裂錯雜紛紜之患矣。無支離決裂錯雜紛紜之患，則心不妄動，而能靜矣。心不妄動而能靜，則其日用之間，從容閒暇，而能安矣。能安，則凡一念之發，一事之感，其爲至善乎，其非至善乎，吾心之良知，自有以詳審精察

之，而能慮矣。能慮，則擇之無不精，處之無不當，而至善於是乎可得矣。」

⑥〔物有本末，事有終始，知所先後，則近道矣〕朱注：「明德爲本，新民爲末，知止爲始，能得爲終。本始所先，末終所後。」陽明則曰：「終始之說，大略是矣。即以新民爲親民，而曰明德爲本，親民爲末，其說亦未爲不可。但不當分本末爲兩物耳。夫木之榦，謂之本，木之梢，謂之末。惟其一物也，是以謂之本末。若曰兩物，則既爲兩物矣，又何可以言本末乎？新民之意，既與親民不同，則明德之功，自與新民爲二。若知明明德以親其民，而親民以明其明德，則明德親民，焉可析而爲兩乎？先儒之說，是蓋不知明德親民之本爲一事，而認以爲兩事。是以雖知本末之當爲一物，而亦不得不分爲兩物也。」近道，謂近乎大道也。

⑦〔古之欲明明德於天下者，先治其國；欲治其國者，先齊其家；欲齊其家者，先修其身；欲修其身者，先正其心；欲正其心者，先誠其意；欲誠其意者，先致其知；致知在格物〕朱注：「治，平聲。明明德於天下者，使天下之人皆有以明其明德也。心者，身之所主也。誠，實也。意者，心之所發也。實其心之所發，欲其必自慊而無自欺也。致，推極也。知，猶識也。推極吾之知識，欲其所知無不盡也。格，

至也。物，猶事也。窮至事物之理，欲其極處無不到也。」陽明則曰：「此正詳言明德親民止至善之功也。蓋身、心、意、知、物者，是其工夫所用之條理，雖亦各有其所，而其實只是一物。格、致、誠、正、修者，是其條理所用之工夫，雖亦皆有其名，而其實只是一事。何謂身？心之形體運用之謂也。何謂心？身之靈明主宰之謂也。何謂修身？爲善而去惡之謂也。吾身自能爲善而去惡乎？必其靈明主宰者欲爲善而去惡，然後其形體運用者始能爲善而去惡也。故欲修其身者，必在於先正其心也。然心之本體則性也，性無不善，則心之本體本無不正也。何從而用其正之之功乎？蓋心之本體本無不正，自其意念發動，而後有不正，故欲正其心者，必就其意念之所發而正之。凡其發一念而善也，好之眞如好好色。發一念而惡也，惡之眞如惡惡臭。則意無不誠，而心可正矣。然意之所發，有善有惡，不有以明其善惡之分，亦將眞妄錯雜，雖欲誠之，不可得而誠矣。故欲誠其意者，必在於致知焉。致者，至也。如云喪致乎哀之致。易言知至至之。知至者，知也。至之者，致也。致知云者，非若後儒所謂充廣其知識之謂也，致吾心之良知焉耳。良知者，孟子所謂是非之心，人皆有之者也。是非之心，不待慮而知，不待學而能，是故謂之良知。是乃天命之性，吾心之本體自然靈昭明覺者也。凡意念之發，吾心之良知無有不自知者，其善歟？惟吾心之良知自知之，其不善歟？亦惟吾心之良知自知之，是皆無所與於他人者也。故雖小人之為不善，既已無所不至，然其見君子，則必厭然揜其不善，而著其善者，是亦可以見其良知之有不容於自昧者也。今欲別善惡以誠其意，惟在致其良知之所知焉爾。……然欲致其良知，亦豈影響恍惚而懸空無實之謂乎？是必實有其事矣。故致知必在於格物。物者，事也。凡意之所發，必有其事，意所在之事謂之物。格者，正也。正其不正，以歸於正之謂也。正其不正者，去惡之謂也。歸於正者，為善之謂也。夫是之謂格。書言格於上下，格於文祖，格其非心，格物之格，實兼其義也。良知所知之善，雖誠欲好之矣，苟不即其意之所在之物而實有以為之，則是物有未格，而好之之意猶為未誠也。良知所知之惡，雖誠欲惡之矣，苟不即其意之所在之物而實有以去之，則是物有未格，而惡之之意猶為未誠也。」此又朱王之大不同處。按：扼要言之，朱子重窮理，陽明重誠意，重窮理始窮盡事物之理，欲其無不盡也。重誠意始就良知認為是者之事為之，其不是者之事不為。此二家最大不同處。

以上明明德至格物，朱子稱八條目。

⑧「物格而后知至，知至而后意誠，意誠而后心正，心正而后身修，身修而后家齊，家齊而后國治，國治而后天下平」朱注：「治，去聲。物格者，物理之極處無不到也。知至者，吾心之所知無不盡也。知既盡，則意可得而實矣。意既實，則心可得而正矣。修身以上，明明德之事也。齊家以下，新民之事也。物格知至，則知所止矣。意誠以下，則皆得所止之序也。」陽明則曰：「於其良知所知之善者，即其意之所在之物而實爲之，無有乎不盡。於其良知所知之惡者，即其意之所在之物而實去之，無有乎不盡。然後物無不格，而吾良知之所知者無有虧缺障蔽，而得以極其至矣。夫然後吾心快然無復餘憾而自慊矣。夫然後意之所發者始無自欺而可以謂之誠矣。故曰物格而后知至，知至而后意誠，意誠而后心正，心正而后身修。蓋其功夫條理，雖有先後次序之可言，而其體之惟一，實無先後次序之可分。其條理功夫，雖無先後次序之可分，其用之惟精，固有纖毫不可得而缺焉者。」按：陽明之學，體用一源，本末一貫。陽明認聖人之學，簡易明白，其書只爲一篇，原無經傳之分。格致本於誠意，原無缺傳可補。以誠意爲主而爲致知格物之功，不必增一敬字；以良知指示至善之本體，不必假於見聞（見年譜）。明德爲本，親民爲末；本末自是一物，明親原爲一事。明明

德之功，只是個誠意；誠意之功，只是個格物（見大學問及傳習錄）。於是格訓正，物訓事，致訓至，知指良知。意所在之事，謂之物，正其不正以歸於正，謂之格，此謂格物。致吾心之良知以極其至，謂之致知，但致知非充廣其知識之謂。良知自知意所在之事，有天理之正與人欲之不正（即善與惡），著實存天理，去人欲（即爲善去惡），以歸於正，尤須無所不用其極。是即物格，即知至，即意誠。亦即是心正、身修矣。故身、心、意、知、物，雖亦各有其所，其實只是一物。格、致、誠、正、修，雖亦皆有其名，其實只是一事。只誠意以致知格物，便可明明德以親其民，便可明明德於天下，其功夫之一貫有如此。凡此，均與朱子之學不同。

⑨「自天子以至於庶人，壹是皆以修身爲本。其本亂而末治者否矣。其所厚者薄，而其所薄者厚，未之有也」朱注：「壹是，一切也。正心以上，皆所以修身也。本，謂身也。所厚，謂家也。」按：末與所薄，均謂國與天下。言不修其身，而欲治國平天下者，無之。薄其家，而欲厚施於國與天下者，無是理也。

二、四順

管子

政之所行①，在順民心；政之所廢，在逆民心。民惡憂勞，我佚樂之②；民惡貧賤，我富貴之；民惡危墜③，我存安之；民惡滅絕④，我生育之。能佚樂之，則民爲之⑤憂勞；能富貴之，則民爲之貧賤；能存安之，則民爲之危墜；能生育之，則民爲之滅絕。故刑罰不足以畏其意，殺戮不足以服其心⑥。故刑罰繁而意不恐，則令不行矣。殺戮眾而心不服，則上位危矣⑦。故從其四欲，則遠者自親⑧。行其四惡，則近者叛之⑨。故知予之爲取者，爲政之寶也⑩。

作者

管子，爲春秋時齊相管仲著。仲名夷吾，穎上人，爲我國歷史上大政治家。少時貧苦，與友鮑叔牙賈，分財利，多自取，又屢遭挫折，鮑叔終善遇之。其後仲爲襄公弟公子糾傅，鮑叔則佐公子小白，周莊王十一年，齊公子無知弒襄公，公子糾因魯助與小白爭國，失敗而死。仲則賴鮑叔牙薦，桓公脅魯以囚車送歸，而用以爲相。管仲既相，通貨積財，富國强兵，尊周室，攘夷狄，九合諸侯，一匡天下，齊國遂霸。管子一書內容雜取法、道、儒、農、兵等各家言，惟其中精粹篇章，如本篇四順應爲管子之作無疑。

①〔政之所行〕行，原本作「興」。清王念孫讀書雜志校改爲「行」。

②〔佚樂〕佚，同逸。安樂也。

③〔危墜〕危蹶也。

④〔滅絕〕指絕而無後。

⑤〔爲之〕此「之」，指主政者。如君主、元首、政府均是。上「佚樂之」「富貴之」「存安之」「生育之」，四「之」，均指人民。猶曰渠等。

⑥〔故刑罰不足以畏其意，殺戮不足以服其心〕意，心意也。謂刑罰與殺戮，均不足以使其畏懼而心服也。

⑦〔殺戮衆而心不服，則上位危矣〕上位，指主政者之位。謂殺戮衆多而民心不服，如

此則上位必危。

⑧〔故從其四欲，則遠者自親〕四欲，即佚樂、富貴、存安、生育。謂能順從民之四欲者，雖遠者亦必親附。

⑨〔行其四惡，則近者叛之〕四惡，即憂勞、貧賤、危墜、滅絕。謂凡不顧民心行其四惡者，雖親近者亦必叛之。

⑩〔故知予之為取者，為政之寶也〕予，與也。老子曰：「將欲取之，必固與之。」謂凡知以予為取之道者，乃為政之法寶也。

三、得天下有道章

孟子

孟子曰：「桀紂①之失天下也，失其民也。失其民者，失其心也。得天下有道，得其民，斯得天下矣。得其民有道，得其心，斯得民矣。得其心有道，所欲與之聚之，所惡勿施爾也②。」

「民之歸仁也，猶水之就下，獸之走壙也③。故爲淵敺魚者，獺也。爲叢敺爵者，鸇也。爲湯武敺民者，桀與紂也④。今天下之君有好仁者，則諸侯皆爲之敺矣⑤，雖欲無王，不可得已⑥。」

「今之欲王者，猶七年之病，求三年之艾也⑦。苟爲不畜，終身不得。苟不志於仁⑧，終身憂辱，以陷於死亡。詩云：『其何能淑？載胥及溺⑨。』此之謂也。」

作者

孟子，爲戰國時孟軻著。軻字子輿，鄒人，受業子思之門人。道既通，游事齊宣王，宣王不能用，適梁，梁惠王不納其說，皆以爲迂遠而不恰事情。當是時，秦用商鞅，楚魏用吳起，齊用孫子、田忌，天下方務於合縱連橫，以攻伐爲賢。而孟子乃述唐虞三代之德，是以所如不合。遂退而與公孫丑、萬章之徒講學著書以終。孟子一書，有功於聖門者甚大，其性善養氣之論，皆前聖所未發。其行仁政、求放心、格君心、四端擴充及舍生取義之說，實爲孔學之發揚光大。孔子只說一個仁字，孟子則仁義並舉。大學講正心誠意，孟子則一切以正人心爲歸趨，所謂一正一切正。眞無愧於亞聖之尊稱，傳孔子之學得其宗者也。此書今有七篇，大抵爲其弟子記錄編纂而成，內容精粹。

①〔桀紂〕夏桀、殷紂，暴君也。

②〔得其心有道，所欲與之聚之，所惡勿施爾也〕謂欲得民之心有道，民之所欲，皆爲致之聚之，民之所惡，則勿施於民。

③〔猶水之就下，獸之走壙也〕壙，廣野也。謂民之歸服仁君，正如水之往低處流，獸之向廣野走。

④〔故爲淵敺魚者，獺也。爲叢敺爵者，鸇也。爲湯武敺民者，桀與紂也〕爲，去聲。敺，與驅同。獺，音闥。爵，與雀同。鸇，音占，鳶類。謂爲深水驅魚出者，水獺也，因獺食魚。爲茂林驅雀出者，鷹鸇也，因鸇食雀。爲湯武驅民出者，桀與紂也，因桀紂殘民。

⑤〔今天下之君有好仁者，則諸侯皆爲之敺矣〕謂今天下如有好仁之君，則諸侯不仁者多，無異驅民出而歸附仁君也。

⑥〔雖欲無王，不可得已〕王，去聲。謂雖不願王天下，亦不可辭也。

⑦〔猶七年之病，求三年之艾也〕艾，草名。乾久益善。朱注：「夫病已深，而欲求乾久之艾，固難卒辦。然自今畜之，則猶或可及。」

⑧〔苟不志於仁〕謂如不立志行仁政。

⑨〔其何能淑？載胥及溺〕朱注：「詩大雅桑柔之篇。淑，善也。載，則也。胥，相也。言今之所爲，其何能善，則相引以陷於亂亡而已。」

四、貴公

呂氏春秋

昔先聖王①之治天下也，必先公，公則天下平矣。平得於公②。嘗試觀於上志③，有天下者衆矣，其得之必以公，其失之必以偏。故鴻範④曰：「無偏無黨，王道蕩蕩；無偏無頗，遵王之義⑤。無或作好，遵王之道；無或作惡，遵王之路⑥。」天下，非一人之天下也，天下之天下也。陰陽之和，不長一類⑦。甘露時雨，不私一物。萬民之主，不阿一人⑧。

伯禽⑨將行，請所以治魯。周公曰：「利而勿利也⑩」荊人有遺弓者，而不肯索⑪，曰：「荊人遺之，荊人得之，又何索焉？」孔子聞之，曰：「去其荊而可矣⑫。」老聃聞之，曰：「去其人而可矣⑬。」故老聃則至公矣。天地大矣，生而弗子，成而弗有，萬物皆被其澤，而莫知其所由始⑭。此三皇五帝之德也⑮。

管仲有病，桓公往問之，曰：「仲父之病矣漬甚。國人弗諱，寡人將誰屬國⑯？」管仲對曰：「昔者臣盡力竭智，猶未足以知之也。今病在於朝夕之中，臣奚⑰能言？」桓公曰：「此大事也，願仲父之教寡人也。」管仲敬諾，曰：「公欲誰相？」公曰：「鮑叔牙⑱可乎？」管仲對曰：「不可。夷吾善鮑叔牙，鮑叔牙之爲人也，清廉潔直，視不如己者，不比於人⑲；一聞人之過，終身不忘。勿已，則隰朋其可乎⑳？隰朋之爲人也，上志而下求，醜不若黃帝㉑，而哀不已若者。其於國也，有不聞也；其於物也，有不知也㉒；其於人也，有不見也。勿已乎，則隰朋可也。」夫相，大官也。處大臣者，不欲小察㉓，不欲小智，故曰：大匠不斲，大庖不豆，大勇不鬥，大兵不寇

㉔。桓公行公，去私惡，用管子而爲五伯長㉕。行私，阿所愛，用豎刁而蟲出於户㉖。

人之少也愚，其長也智。故智而用私，不若愚而用公。日醉而飾服，私利而立公，貪戾而求王，舜弗能爲㉗。

作者

呂氏春秋爲秦相呂不韋著，亦稱呂覽，漢書藝文志謂爲智略士之作也。不韋本戰國時陽翟大賈，於趙都邯鄲識秦昭王庶孫公子子楚，子楚父安國君有子二十餘人，而寵姬華陽夫人無子。子楚爲質於趙，秦屢攻趙，子楚處境甚窘。不韋助之以資，並爲游說華陽夫人，立子楚爲嫡子。不韋復以己姬進於子楚，生子，名政。後子楚嗣位，即莊襄王，以不韋爲丞相，封文信侯，食十萬戶。莊襄王卒，子政立，即秦始皇，年僅十三。不韋總攬朝政，號稱仲父，權傾一時。不韋好客，門下食客數千人，因集智謀之士，議論講說，融合儒道墨法各家之學，著成一書，即呂覽焉。此書共二十六篇，分八覽、六論、十二紀。全書結構嚴謹，雖擷取各家精義，而一線相承，甚爲精采。舉凡興亡成敗之道，任賢去私之義，以及義利、思危、先識、直臣、有始、孝行，與夫國家成立之原，古明堂行政之典，靡不論焉，爲世所重。不韋後因太后及嫪毒事，爲始皇覺，免相，復令徙蜀，知不免，飲酖自殺。其爲人固名教罪人，絕不足取。然此書既爲門客所作，自無損其價値，固不必因人而廢言也。

①〔先聖王〕泛指古代聖君，如五帝、三王是。

②〔平得於公〕謂和平出於大公無私。

③〔上志〕古代典籍也。

④〔鴻範〕一作洪範，尙書周書篇名。洪，大也。範，法也。武王克殷，訪箕子以天道，箕子爲陳洪範。所陳均爲治之大法，故云。

⑤〔無偏無黨，王道蕩蕩；無偏無頗，遵王之義〕黨，不公也。論語述而：「君子不黨。」朱熹注：「相助匿非曰黨。」蕩蕩，廣遠也。頗，一作陂，不正也。義，法也，正義也。孔安國傳：「言當循先王之正義以治民。」

⑥〔無或作好，遵王之道；無或作惡，遵王之路〕按：尙書原作：「無有作好」「無有作惡」。孔安國傳：「言無有亂爲私好惡，動必循先王之道路。」即勿以好惡自行威福之意。

⑦〔不長一類〕萬物同生，不僅長一物，天道也。

⑧〔不阿一人〕阿，偏私也。不偏私一人，王道也。

⑨〔伯禽〕周公旦之世子，封於魯。

⑩〔利而勿利也〕謂應求公利，而勿利己也。

⑪〔荆人有遺弓者，而不肯索〕荆，即楚國。索，搜尋也。

⑫〔去其荆而可矣〕去荆則成「人遺之，人得之。」孔子之見亦已公矣。

⑬〔老聃聞之，曰：去其人而可矣〕老聃，姓李名耳，謚曰聃，周守藏室之史，著有老子。去人則是否人得，亦可不問，得失並忘，可謂至公。

⑭〔天地大矣，生而弗子，成而弗有，萬物皆被其澤，而莫知其所由始〕此極言天地之公。不斷生人，而不必以某爲己子。成長萬物，而不必據爲己有。被，受也。澤，恩惠也。萬物皆受天地之恩澤，而不知其所從來。喻無私也。

⑮〔此三皇五帝之德也〕三皇，指天皇、地皇、人皇。五帝，指黃帝、顓頊、帝嚳、堯、舜。謂三皇五帝之德，正如天地生人成物之至公無私也。

⑯〔桓公往問之，曰：仲父之病矣潰甚。國人弗諱，寡人將誰屬國〕桓公，齊桓公小白

。仲父，猶叔父，尊稱也。漬甚，病甚重也。諱，不隱諱，瀕於死也。國人弗諱，謂國人皆知君病甚瀕於死。屬國，託付國事。將誰屬國，謂將由誰繼掌國事也。

⑰〔奚〕何也。

⑱〔鮑叔牙〕齊賢大夫，少與管仲交誼甚篤，屢諒管仲之自私及不遇，後終薦仲於桓公，脫其罪，以爲齊相。己身下之，名揚古今。

⑲〔不比於人〕比，同也。禮記樂記：「比於慢矣。」謂不同於人。因己賢，不以不賢者爲然也。

⑳〔勿已，則隰朋其可乎〕勿已，必問不已也。隰朋，齊賢大夫，助管仲以成霸業。惜天不假年，與仲同卒於周襄王七年。

㉑〔上志而下求，醜不若黃帝〕上志而下求，謂志在上世賢哲，而又不恥下問。醜，羞恥也。謂恥不若黃帝之賢能也。

㉒〔其於國也，有不聞也；其於物也，有不知也〕謂其於國也，總大綱，不問瑣細庶政。其於事也，於職掌之外，不必盡知。物，事也。按：此相才也。

㉓〔小察〕即察察爲明。以注意小節爲明察也。

㉔〔大匠不斲，大庖不豆，大勇不鬥，大兵不寇〕斲，音琢。斫也，削也。謂大匠計畫指揮，不自斲木。豆，高誘注謂籩豆。謂大庖但調和五味，不自列簠簋籩豆。俞樾以豆爲剅之假借字，剅，斲也，即不親宰割也，亦通。大勇以仁威服天下，不須親事戰鬥。大兵以義興舉，而不殘賊人民。寇，殘賊也。此四句，釋不欲小察，不欲小智。

㉕〔桓公行公，去私惡，用管子而爲五伯長〕齊公子糾與小白爭國，管仲射小白中其鉤帶。及糾敗死，桓公不計私怨，用仲以爲相，是行公而去私惡也。五伯長，春秋五伯之首也，故曰長。次爲晉文公、秦穆公、宋襄公、楚莊王。

㉖〔用豎刁而蟲出於戶〕齊桓公嬖寺人豎刁、易牙及衞公子開方，桓公卒，三人作亂，五公子爭立，齊國大亂。停屍六十餘日始殯，屍蟲出於戶。

㉗〔日醉而飾服，私利而立公，貪戾而求王，舜弗能爲〕飾，通飭。飭服，整飭喪紀也。禮居喪戒酒肉，若日醉而欲整飭喪紀，自不可能。若行私利而欲立公，更不可能。若貪婪暴戾而欲王天下，尤不可能。舜弗能爲，謂苟如是，雖以舜之智能，亦無能爲之也。

五、去私

呂氏春秋

天無私覆也，地無私載也①，日月無私燭也②，四時無私行也③，行其德④，而萬物得遂長⑤焉。

堯有子十人，不與其子而授舜⑥；舜有子九人，不與其子而授禹⑦，至公也。

晉平公問於祁黃羊⑧曰：「南陽無令，其誰可而爲之⑨？」祁黃羊對曰：「解狐⑩可。」平公曰：「解狐非子之讎邪？」對曰：「君問可，非問臣之讎也。」平公曰：「善。」遂用之。國人稱善焉。居有間⑪，平公又問祁黃羊曰：「國無尉⑫，其誰可而爲之？」對曰：「午可。」平公曰：「午非子之子邪？」對曰：「君問可，非問臣之子也。」平公曰：「善。」又遂用之。國人稱善焉。孔子聞之，曰：「善哉，祁黃羊之論也！外舉不避讎，內舉不避子，祁黃羊可謂公矣。」

墨者有鉅子腹䵍⑬，居秦，其子殺人。秦惠王⑭曰：「先生之年長矣，非有他子也，寡人已令吏弗誅矣，先生之以此聽寡人也⑮。」腹䵍對曰：「墨者之法曰：『殺人者死，傷人者刑。』此所以禁殺傷人也。夫禁殺傷人者，天下之大義也。王雖爲之賜⑯，而令吏弗誅，腹䵍不可不行墨者之法。」不許惠王而遂殺之。子，人之所私也；忍所私以行大義⑰，鉅子可謂公矣。

庖人調和而弗敢食，故可以爲庖。若使庖人調和而食之，則不可以爲庖矣。王伯之君⑱亦然。誅暴而不私，以封天下之賢者，故可以爲王伯。若使王伯之君，誅暴而私之⑲，則不可以爲王伯矣。

①〔天無私覆也，地無私載也〕禮記中庸：「今夫天，斯昭昭之多，及其無窮也，日月星辰繫焉，萬物覆焉。今夫地，一撮土之多，及其廣厚，載華嶽而不重，振河海而不洩，萬物載焉。」謂宇宙萬物，天無不覆蓋，地無不負載，而不因人、因物而私之也。

②〔燭〕照也。

③〔四時無私行也〕四時：春、夏、秋、冬。謂四時寒暑運行，循序而無私。

④〔行其德〕其，指天、地、日月、四時。德，指各物之德性，即本性。

⑤〔遂長〕成長也。

⑥〔堯有子十人，不與其子而授舜〕孟子萬章上：「帝（堯）使其子九男二女，……以事舜於畎畝之中。」史記五帝本紀：「九男事之，以觀其外。」高誘注：「殆丹朱爲胤子，不在數中。」五帝本紀：「堯知丹朱之不肖，不足以授天下，於是乃權授舜。」按：堯爲帝嚳次子，封於唐，繼兄摯爲天子，故稱唐堯。有德政，民興康衢、擊壤之歌，在位九十八年。舜姓姚，以孝弟力田拔於民間，堯使攝政三十年，乃除四凶，宏治績，天下大治。受禪即帝位，是爲有虞氏，在位十八年。

⑦〔舜有子九人，不與其子而授禹〕舜之子名商均，亦不肖，舜乃讓帝位於禹。九人之說，史無記載。禹姓姒，號禹，名文命。治水有功，受舜禪爲天子，國號夏。

⑧〔晉平公問於祁黃羊〕晉平公名彪，悼公之子。祁黃羊名奚，晉大夫。按：左傳襄公三年：「祁奚請老，晉侯問嗣焉，稱解狐，其讎也。將立之而卒。又問焉，對曰：午也可。……君子謂祁奚於是能舉善矣。稱其讎，不爲諂，立其子，不爲比。」與本篇

略有出入，蓋傳聞異辭也。

⑨〔南陽無令，其誰可而爲之〕南陽，晉邑。令，邑長，猶今縣長。而，猶以也。之，指南陽令。

⑩〔解狐〕晉大夫。

⑪〔居有間〕有間，不久也。

⑫〔國無尉〕尉，掌兵事之官。按：左傳襄公三年：「……於是使祁午爲中軍尉，羊舌赤佐之。」

⑬〔墨者有鉅子腹䵍〕墨者，治墨翟之學者。鉅子，莊子天下篇：「以巨子爲聖人。」向秀注：「墨家號其道理成者爲鉅子。」墨家鉅子有孟勝、田襄子、腹䵍，均見於呂氏春秋。䵍，音暾。

⑭〔秦惠王〕名駟，即秦惠文王，孝公之子。周顯王四十四年，始稱王。

⑮〔先生之以此聽寡人也〕寡人，諸侯自稱也。禮記曲禮：「諸侯見天子，曰臣某侯某，其與民言，自稱曰寡人。」疏：「寡人者，言己是寡德之人。」謂先生應以此事聽從我也。

⑯〔爲之賜〕賜予恩惠也。

⑰〔忍所私以行大義〕所私，指子。謂忍令愛子置於法，以行大義。

⑱〔王伯之君〕伯，同霸。以德服人者曰王，以力服人者曰霸。若堯、舜、禹、湯、文、武，王者也。若齊桓、晉文、秦穆、楚莊、吳闔閭、越勾踐，霸者也。

⑲〔誅暴而私之〕誅暴所以定亂尊賢也，或繼絕世，舉廢國。若誅暴而有所私之，則殊失誅暴之旨也。

六、治國之道

說苑

武王①問於太公②曰：「治國之道若何？」太公對曰：「治國之道，愛民而已。」曰：「愛民若何？」曰：「利之而勿害，成之勿敗，生之勿殺，與之勿奪，樂之勿苦，喜之勿怒。此治國之道，使民之義也。愛之而已矣。民失其所務，則害之也。農失其時③，則敗之也。有罪者重其罰，則殺之也。重賦斂者，則奪之也。多徭役以罷民力，則苦之也。勞而擾之，則怒之也。故善爲國者，遇民如父母之愛子，兄之愛弟，聞其飢寒，爲之哀，見其勞苦，爲之悲。」

作者

漢劉向撰，凡二十卷。向歆父子同領校秘書，著述豐碩，並重於世。此書錄軼事之可爲法戒者，與新序之體例同，極有參考借鑑價值。

①武王，即周武王，名姬發，周開國之王。

②太公，即呂尙。史記稱：其先祖於虞夏之際，封於呂，從其封姓。或封於申，姓姜氏。殷商末，呂尙嘗窮困，年老矣，以魚釣干西伯，西伯出獵，遇太公於渭水之陽，與語大悅。曰：自吾先君太公曰，當有聖人適周，周以興，吾太公望子久矣，故號之曰太公望。載與俱歸。

③農失其時，指春種、夏耘、秋收、冬藏，勿失其時也。

七、明主有三懼

說苑

明主者有三懼：一曰處尊位而恐不聞其過，二曰得意而恐驕，三曰聞天下之至言而恐不能行。何以識其然也？越王勾踐①與吳人戰，大敗之，兼有九夷。當是時也，南面而立，近臣三，遠臣五。令羣臣曰：「聞吾過而不告者，其罪刑。」此處尊位而恐不聞其過者也。昔者晉文公與楚人戰②，大勝之，燒其軍火，三日不滅。文公退而有憂色。侍者曰：「君大勝楚，今有憂色。何也？」文公曰：「吾聞能以戰勝而安者，其唯聖人乎？若夫詐勝之徒，未嘗不危也。吾是以憂。」此得意而恐驕也。昔齊桓公③得筦仲、隰朋，辯其言，說其義，正月之朝，令具太牢，進之先祖。桓公西面而立，筦仲、隰朋東面而立。桓公贊曰：「自吾得聽二子之言，吾目加明，耳加聰，不敢獨擅，願薦之先祖。」此聞天下之至言而恐不能行者也。

①〔越王勾踐〕勾踐報吳，古今熟知。不贅。
②〔晉文公與楚人戰〕此指城濮之役，晉大勝楚，一戰而霸。
③〔齊桓公得管仲隰朋〕詳見「貴公」文中第⑳㉑㉒註解。

八、王者之政化之

說苑

政有三品：王者之政化之①，霸者之政威之②，彊者之政脅之③。夫此三者，各有所施，而化之爲貴矣。夫化之不變，而後威之，威之不變，而後脅之，脅之不變，而後刑之，夫至於刑者，則非王者之所貴也。是以以聖王光德教而後刑罰，立榮恥而明防禁，崇禮義之節以示之，賤貨利之弊以變之，修近理內，政橛機之禮，壹妃匹之際④，則莫不慕義禮之榮，而惡貪亂之恥。其所由致之者，化使然也。

①〔王者之政化之〕王者施仁政，以德澤施於民，民因而化之。

②〔霸者之政威之〕霸者以力施政，民因而服從。

③〔彊者之政脅之〕彊者施政，既不行仁，亦不擇善力行，唯以脅迫手段行之。

④〔修近理內，政橛機之禮，壹妃匹之際〕「橛機」門框，指門內。意指整飭內政後宮之禮，對后妃間的分際要劃清。—見「說苑今註今譯」盧元駿註譯。

九、進賢為賢

說苑

子貢①問孔子曰：「今之人臣孰爲賢？」孔子曰：「吾未識也，往者齊有鮑叔②，鄭有子皮③，賢者也。」子貢曰：「然則齊無管仲，鄭無子產④乎？」子曰：「賜、汝徒知其一，不知其二。汝聞進賢爲賢耶？用力爲賢耶？」子貢曰：「進賢爲賢。」子曰：「然。吾聞鮑叔之進管仲也，聞子皮之進子產也，未聞管仲子產有所進也。」

①〔子貢〕名端木賜，孔子弟子。利口巧辭，料事多中，曾說各國。史記稱：「子貢一

出，存魯、亂齊、破吳、彊晉、而霸越。」影響之大可以想見。又善貨殖，家累千金。

②〔鮑叔〕即鮑叔牙。少時與管仲交，管仲常欺鮑叔，鮑皆諒之，知其賢。其後並脫管仲罪，薦爲齊相，若無鮑叔，管仲雖賢亦無由以顯。故史記稱：「天下不多管仲之賢，而多鮑叔能知人也。」詳見史記「管晏列傳」及「四順」文中「作者」欄。

③〔子皮〕④〔子產〕皆鄭大夫，子皮因子產賢，遂授之政，子產初辭，子皮曰：「虎帥以聽，誰敢犯子？」虎，子皮名也。從政三年，國人誦曰：「我有子弟，子產誨之。我有田疇，子產殖之。子產而死，誰其嗣之。」詳見左傳魯襄公三十年「子產辭政。」

十、燕昭王求賢

說苑

燕昭王①問於郭隗②曰：「寡人地狹人寡，齊人削取八城，匈奴驅馳樓煩之下，以孤之不肖，得承宗廟，恐危社稷。存之有道乎？」郭隗曰：「有。然恐王之不能用也。」昭王避席願請聞之。郭隗曰：「帝者之臣，其名臣也，其實師也。王者之臣，其名臣也，其實友也。霸者之臣，其名臣也，其實賓也。危國之臣，其名臣也，其實虜也。今王將東面目指氣使以求臣，則廝役之材至矣。南面聽朝，不失揖讓之禮以求臣，則人臣之材至矣。西面等禮相亢下之以色，不乘勢以求臣，則朋友之材至矣。北面拘指逡巡而退以求臣，則師傅之材至矣。如此，則上可以王，下可以霸。唯王擇焉！」燕王曰：「寡人願學而無師。」郭隗曰：「王誠欲興道，隗請爲天下之士開路。」於是燕王常置郭隗上坐，南面。居三年，蘇子③聞之，從周歸燕。鄒衍④聞之，從齊歸燕。樂毅⑤聞之，從趙歸燕。屈景⑥聞之，從楚歸燕。四子畢至，果以弱燕幷強齊。夫燕齊非均權敵戰之國也，所以然者，四子之力也。詩曰，濟濟多士，文王以寧，此之謂也。

①〔燕昭王〕燕王噲之子，名平。周赧王元年，燕內亂，齊湣王攻燕，殺燕王噲及宰相子之。越二年，燕人復國，立太子平爲王。昭王即位後，欲報亡國殺父之仇，故請教

郭隗。

②〔郭隗〕燕人。郭隗既告燕王以求賢之道，王問欲求而無師，隗請從隗始。昭王乃築臺師事之。

③〔蘇子〕即蘇秦。按戰國策「燕策」載曰：「燕王噲既立，蘇秦死於齊。」史記同。本文誤。

④〔鄒衍〕齊臨淄人。

⑤〔樂毅〕其先祖樂羊，封於靈壽，因家焉。迨靈壽爲趙所併，毅遂爲趙人。燕昭王招賢，毅乃爲魏使往聘燕，大爲昭王寵信，以爲亞卿。其後毅乃約趙、楚、韓、魏、並燕之兵伐齊，大敗齊軍，齊湣王遁逃至莒，爲楚將淖齒所殺。毅盡雪燕恥，功勳顯赫。

⑥〔屈景〕楚人。按史記燕世家曰：「樂毅自魏往，鄒衍自齊往，劇辛自趙往，士爭趨燕。」而無屈景。與本文之說異。

十一、善為吏者樹德

說苑

子羔①爲衛政，刖②人之足。衛之君臣亂，子羔走郭門，郭門閉。刖者守門曰：「於彼有缺③。」子羔曰：「君子不踰④。」曰：「於彼有竇⑤。」子羔曰：「君子不遂⑥。」曰：「於此有室。」子羔入，追者罷，子羔將去，謂刖者曰：「吾不能虧損主之法令，而親刖子之足，吾在難中，此乃子之報怨時也。何故逃我？」刖者曰：「斷足固我罪也，無可奈何。君之治臣也，傾側法令先後臣以法，欲臣之免於法也⑦，臣知之。獄決罪定，臨當論刑，君愀然不樂，見於顏色，臣又知之。君豈私臣哉，天生仁人之心，其固然也。此臣之所以脫君也。」孔子聞之曰：「善爲吏者，樹德，不善爲吏者，樹怨公行之也。其子羔之謂歟？」

①〔子羔〕名高柴。「孔子以爲愚，子路使爲費郈宰，孔子曰，賊夫人之子。」詳見史

記仲尼弟子列傳。不意爲政而能樹德，可謂不負所學矣。
②〔刖〕古時斷足之刑。
③〔有缺〕有缺口也。
④〔踰〕越也。
⑤〔竇〕孔穴也。
⑥〔遂〕小溝也。見周禮地官遂人。又進也。見易大壯。不遂，意即不低首而進也。
⑦〔傾側法令先後臣以法〕欲臣之免於法也。傾側，顚倒也。意謂君先顚倒法令，將臣放在後面，欲我免於刑罰也。

十二、諸葛亮之為相國

陳壽

評曰：「諸葛亮之爲相國也，撫百姓，示儀軌①，約官職，從權制，開誠心，布公道。盡忠益時者，雖讎必賞；犯法怠慢者，雖親必罰②，服罪輸情者，雖重必釋；遊辭巧飾者，雖輕必戮。善無微而不賞，惡無纖而不貶。庶事精練，物理其本，循名責實，虛僞不齒。終於邦域之內，咸畏而愛之，刑政雖峻，而無怨者：以其用心平而勸戒明也。可謂識治之良材，管③、蕭之亞匹矣。然連年動眾，未能成功，蓋應變將略，非其所長歟？」

作者

陳壽晉安漢人，字承祚，少舉孝廉，除著作郎，撰三國志，時人稱其善敘事，有良史之才。此書與史記、漢書、後漢書，合稱四史，其聲譽可知。

①〔儀軌〕指儀式軌法。

②〔盡忠益時者，雖讎必賞；犯法怠慢者，雖親必罰〕。諸葛至公，此論確是。譬如斬馬謖，廢廖立，黜李嚴，皆是。及亮病卒，廖立聞之垂泣，李嚴且發病致死。蓋皆以丞相無私，故無怨尤也。

③〔管蕭〕指管仲、蕭何。管仲爲古代大政治家，詳見「四順」文中「作者」條，及「流業」一文中第③註解。蕭何，漢沛人，佐漢王定天下。楚漢相爭，何留守關中，補兵饋餉，不虞匱乏，漢之律令，多何所定。鎮國家，撫百姓，論功第一，封酇侯。

十三、君富而國亡

資治通鑑

作者

宋司馬光撰。光字君實，山西夏縣人，公忠報國，歷事仁宗、英宗、神宗，入相僅八月而卒，贈太師，謚溫公。中與王安石議新法不合，出居洛。光鑒於歷朝史事繁多，擇其關國家盛衰，係生民休戚，善可爲法，惡可爲戒者，撰成編年一書，上起戰國三家分晉，下迄五代之末，歷十九年。神宗嘉之，賜名資治通鑑，爲我國編年史之鉅著。

唐武德①九年，太宗②謂侍臣曰：「君依於國，國依於民，刻民以奉君，猶割肉以充腹，腹飽而身斃，君富而國亡。故人君之患，不自外來，常由身出。夫欲盛則費廣，費廣則賦重，賦重則民愁，民愁則國危，國危則君喪矣。朕嘗以此思之，故不敢縱欲也。」

①〔武德〕唐高祖年號，武德九年八月，太宗接位，尙未改號。

②〔太宗〕指唐太宗。

十四、為君之道

貞觀政要

貞觀①初太宗謂侍臣曰：「爲君之道，必須先存百姓，若損百姓以奉其身，猶割股以啖腹，腹飽而身斃。若安天下，必須先正其身，未有身正而影曲，上理而下亂者。朕每思傷其身者，不在外物，皆由嗜欲以成其禍。若耽嗜滋味，玩悅聲色，所欲既多，所損亦大，既妨政事，又擾生人。且復出一非理之言，萬姓爲之解體，怨讟②既作，離叛亦興，朕每思此，不敢縱逸。」諫議大夫魏徵③對曰：「古者聖哲之主，皆亦近取諸身，故能遠體諸物④。昔楚聘詹何⑤問其理國之要，詹何對以脩身之術。楚王又問理國何如，詹何曰未聞身理而國亂者，陛下⑥所明，實同古義。」

作者

唐吳兢撰。兢汴州人，才堪論撰，詔直史館，累遷衛尉少卿。此書記太宗能任賢納諫，羣臣魏徵、房玄齡等忠直敢言，用能弼成貞觀之治，三代以下，治績之美，無逾此焉。

①〔貞觀〕唐太宗年號。

②〔讟〕音讀，痛怨也。

③〔魏徵〕字玄成，初從李密，後歸唐。犯顏敢諫，弼成貞觀之治，封鄭國公。詳見「諫太宗十思疏」一文中「作者」欄。

④〔古者聖哲之主，皆亦近取諸身，故能遠體諸物。〕言古代聖王治國，須先正身而後及人；先正身者，近取諸身也，後及人者，遠體諸物也。

⑤〔詹何〕楚人，隱於釣。楚莊王聞其賢，召而問之。

⑥〔陛下〕陛，天子階也。人臣與天子言，不敢直指，故稱陛下。

十五、何謂明君暗君

貞觀政要

貞觀二年，太宗問魏徵曰：「何謂爲明君暗君？」徵曰君之所以明者，兼聽也，其所以暗者，偏信也。詩云，先人有言，詢于芻蕘①。昔唐虞之理②，闢四門，明四目，達四聰，是以聖無不照。故共鯀之徒不能塞也。靖言庸回③不能惑也。秦二世④則隱藏其身，捐隔疎賤，而偏信趙高，及天下潰叛，不得聞也。梁武帝⑤偏信朱异，而侯景舉兵向闕，竟不得知也。隋煬帝⑥偏信虞世基，而諸賊攻城剽邑，亦不得知也。是故人君兼聽納下，則貴臣不得壅蔽，而下情必得上通也。」太宗甚善其言。

①〔芻蕘〕指採薪之人。詢于芻蕘，謂雖採薪之人，亦不棄而詢之。

②〔唐虞之理〕理，本治字，避高宗諱而以理代之。闢四門，明四目，達四聰，虞書贊舜之辭。謂開四方之門，廣聽天下賢俊意見也。

③〔靖言庸回〕靖言，巧言也。庸，用也。回邪也。謂巧言熒惑，實則邪也。

④〔秦二世〕名胡亥。寵信趙高，專信一人，終於被弒。

⑤〔梁武帝〕即蕭衍，受齊禪國號梁。朱异爲衍寵臣，力薦侯景，景叛東魏歸梁，武帝

用爲大將軍。後景叛梁，武帝被困，餓死臺城，朝野共怨朱异。

⑥〔隋煬帝偏信虞世基〕虞世基爲煬帝寵臣，其時天下大亂，世基因煬帝惡聞盜賊，皆不以實聞，致頻危而廣尙不知，終致滅亡。

十六、理國要道　貞觀政要

貞觀二年，太宗謂房玄齡①等曰：「朕比見隋代遺老，咸稱高熲②，善爲相者，遂觀其本傳，可謂公平正直，尤識治體，隋室安危，繫其存歿，煬帝無道，枉見誅夷，何嘗不想見此人。廢書欽歎。又漢魏已來，諸葛亮爲丞相，亦甚平直，嘗表廢廖立③李嚴④於南中，立聞亮卒泣曰，吾其左袵矣。嚴聞亮卒，發病而死。故陳壽稱亮之爲政，開誠心，布公道，盡忠益時者，雖讎必賞，犯法怠慢者，雖親必罰。卿等豈可不企慕及之！朕今每慕前代帝王之善者，卿等亦可慕宰相之賢者，若如是，則榮名高位，可以長守。」玄齡對曰：「臣聞理國要道，在於公平正直。故尚書云，無偏無黨，王道蕩蕩⑤無黨無偏，王道平平。又孔子稱，舉直錯諸枉則民服⑥。今聖慮所尚，誠足以極政教之源，盡至公之要，囊括區宇，化成天下。」太宗曰：「此直朕之所懷，豈有與卿等言之而不行也？」

①〔房玄齡〕字喬，事太宗，與杜如晦同稱賢相，初參幕府，太宗即以鄧禹比之，居相位積十五年，封梁國公。

②〔高熲〕字昭玄，隋之賢相，立朝忠正。煬帝以其直諫爲謗而誅之，於是奸邪倖進，國失棟樑，隋之危亡，此亦一因。

③〔廖立〕④〔李嚴〕詳見前「治術舉要」中「至公」章內「諸葛亮刑人而不怨無私也」註解。

⑤〔無偏無黨王道蕩蕩〕詳見前「貴公」文中第⑤⑥註解。

⑥〔舉直錯諸枉則民服〕此孔子對魯哀公語。謂舉用正直之人，捨棄枉曲之人，則民服。錯、捨置也。諸、衆也。

十七、德禮誠信國之大綱

貞觀政要

貞觀十年，魏徵上疏曰：「臣聞爲國之基，必資於德禮，君之所保，惟在於誠信。誠信立，則下無二心，德禮形，則遠人斯格。然則德禮誠信，國之大綱，在於君臣父子不可斯須①而廢也。故孔子曰，君使臣以禮，臣事君以忠②又曰，自古皆有死，民無信不立③。……太宗覽疏歎曰：「若不遇公，何由得聞此語。」

①〔斯須〕短暫也，猶須臾。

②〔君使臣以禮，臣事君以忠。〕孔子對魯定公語，見論語。

③〔自古皆有死，民無信不立。〕孔子答子貢語，見論語。

貞觀十七年，太宗謂侍臣曰：「傳稱去食存信，孔子曰人無信不立①。昔項羽②既入咸陽，已制天下，向能力行仁信，誰奪耶？」房玄齡對曰：「仁義禮智信，謂之五常，③廢一不可。能勤行之，甚有裨益。殷紂④狎侮五常，武王奪之，項氏以無信，爲漢高祖所奪。誠如聖旨。」

①〔傳稱去食存信，孔子曰人無信不立。〕論語顏淵篇曰：「子貢問政，子曰足食足兵，民信之矣。子貢曰，必不得已而去，於斯三者何先？曰去兵。子貢曰，必不得已而去，於斯二者何先？曰去食。自古皆有死，民無信不立。」

②〔項羽〕即西楚霸王。項羽既入咸陽，引兵屠殺，殺秦降王孺子嬰，燒秦宮室，收其貨寶而去，秦民咸失望，大違仁信。

③〔五常〕即仁義禮智信，董仲舒對漢武帝語。

④〔殷紂〕殷末帝，名辛。知足以距諫，言足以飾非，荒淫無道，寵妲己，做酒池肉林，爲長夜飲，使男女裸逐其間，天下大亂，百姓怨望。乃建炮烙之刑以鎭之。又脯鄂侯，囚西伯，殺比干，箕子佯狂，微子失望而去，忠良盡失。大違五常，天下厭之，卒爲周武王伐之而亡。

十八、為政之道

貞觀政要

貞觀二年，太宗謂侍臣曰：「爲政之要，惟在得人，用非其才，必難致治。今所任用必須以德行學識爲本。」諫議大夫王珪曰：「人臣若無學業，不能識前言往行，豈堪大任。漢昭帝①時有人詐稱衞太子，②聚觀者數萬人，眾皆致惑。雋不疑斷以蒯聵③之事。昭帝曰，公卿大臣當用經術明於古義者，此則固非刀筆俗史所可比擬。」上曰：「信如卿言。」

①〔漢昭帝〕名弗陵，武帝幼子。

②〔衞太子〕名據，武帝太子，衞皇后所生。以巫蠱事，爲奸臣江充所陷，乃憤懣矯節發兵攻充，殺之。京中大亂。是時帝病困甘泉宮，人言太子反，帝大怒，下令捕辦。太子不得見帝，乃逃，吏圍捕急，卒死於湖。昭帝始元五年，有男子乘黃犢車詣北闕，自稱衞太子，詔使公卿御史將軍等辨識，莫敢言者。京兆尹雋不疑後到，叱從吏收

縛，認太子已得罪於先帝，如前蹟故事，鞠之乃僞。

③〔蒯聵〕春秋時衞靈公世子，因與靈公夫人南子不和，欲殺之，不果，出奔於宋。靈公卒，孫輒立，是爲出公。其後晉人納蒯聵，衞人拒之，父子爭國。後十五年蒯聵始入，是爲莊公，輒乃出奔。

十九、杜讒邪

貞觀政要

貞觀初，太宗謂侍臣曰：「朕觀前代讒佞之徒，皆國之蟊賊也，或巧言令色，朋黨比周，若暗主庸君，莫不以之迷惑，忠臣孝子所以泣血銜冤。故叢蘭欲茂，秋風敗之，王者欲明，讒人蔽之，此事著於史籍，不能具道。至如齊隋間讒譖事，耳目所接者，略與公等言之。斛律明月①齊朝良將，威震敵國，周家每歲斲汾河冰，慮齊兵之西渡。及明月被祖孝徵②讒搆伏誅，周人始有吞齊之意。高熲有經國大才，爲隋文帝贊成霸業，知國政者二十餘載，天下賴以安寧。文帝惟婦言是聽，特令擯斥，及爲煬帝所殺，刑政由是衰壞。又隋太子勇③，撫軍監國，凡二十年間，固亦早有定分，楊素④欺主罔上，賊害良善，使父子之道一朝滅於天性，逆亂之源自此開矣。隋文既混淆嫡庶，竟禍及其身，社稷尋亦覆敗。古人云，代亂則讒勝，誠非妄言。朕每防微杜漸，用絕讒構之端，猶恐心力所不至，或不能覺悟。前史云，猛獸處山林，藜藿爲之不採，直臣立朝廷，姦邪爲之寢謀。此實朕所望於羣公也。」魏徵曰：「禮云，戒愼乎其所不睹，恐懼乎其所不聞。詩云，愷悌君子，無信讒言，讒言罔極，交亂四國。又孔子曰，惡利口之覆邦家。蓋爲此也。臣嘗觀自古有國有家者，若曲受讒譖，妄害忠良，必宗廟丘墟，市朝霜露矣，願陛下深愼之！」

①〔斛律明月〕名光，高車族，後齊名將。與北周對峙，屢敗之。河清三年，大敗尉遲迥於邙山。武平元年，又破宇文桀於宜陽。威震敵國，任左丞相。惜因祖珽進讒，齊後主疑猜而殺之。

②〔祖孝徵〕名珽，范陽人。機警過人，解四夷語，惟性疏率無行，屢躓屢起，先後事

神武與後主，曾任北徐州刺史。

③〔隋太子勇〕即楊勇，文帝長子。撫軍監國，二十年間，並無錯失。只以獨孤皇后不喜太子，愛次子廣，於是奸臣楊素規察后意，構陷太子，文帝誤信，遂廢太子而立廣。

④〔楊素〕字處道，華陰人。初仕周，後從隋文帝定天下，以功封越國公。又以擁立煬帝有功，拜尚書右僕射，掌朝政，二年拜司徒，封楚公，權傾一時。惟性貪貨財，田宅千數，時人鄙之。

⑤〔戒慎乎其所不睹，恐懼乎其所不聞。〕此中庸首章語。朱子曰：「君子之心常存敬畏，雖不見聞，亦不敢忽。」

⑥〔愷悌君子，無信讒言，讒言罔極，交亂四國。〕此詩小雅青蠅篇也。朱子曰：「君子，謂王也。詩人以王好聽讒言，故以青蠅飛聲比之，戒王勿聽。」否則讒言之極，可交亂四國。

⑦惡利口之覆邦家，語在論語陽貨篇。利口之人，以是爲非，以非爲是，以賢爲不肖，以不肖爲賢。人君苟悅而信之，則可危邦覆國。故孔子甚惡之也。

二十、諫太宗十思疏

魏徵

臣聞求木之長者，必固其根本；欲流之遠者，必浚其泉源①；思國之安者，必積其德義。源不深而豈望流之遠，根不固而何求木之長，德不厚而思國之治，雖在下愚，知其不可，而況於明哲乎？人君當神器②之重，居域內③之大，將崇極天之峻，永保無疆之休④，不念於居安思危，戒貪以儉，德不處其厚，情不勝其欲，斯亦伐根以求木茂，塞源⑤而欲流長者也。

凡百元首，承天景命，莫不殷憂而道著，功成而德衰，有善始者實繁，能克終者蓋寡⑥。豈其取之易而守之難乎？昔取之而有餘，今守之而不足，何也？夫在殷憂，必竭誠以待下；既得志，則縱情以傲物⑦。竭誠則胡越為一體⑧，傲物則骨肉為行路。雖董⑨之以嚴刑，振之以威怒，終苟免而不懷仁，貌恭而心不服。怨不在大，可畏惟人⑩載舟覆舟⑪，所宜深慎，奔車朽索⑫

，其可忽乎？

君人者，誠能見可欲，則思知足以自戒；將有所作，則思知止以安人；念高危，則思謙冲而自牧⑬；懼滿溢，則思江海而下百川⑭；樂盤遊，則思三驅以爲度⑮；恐懈怠，則思愼始而敬終；慮壅蔽⑯，則思虛心以納下；想讒邪，則思正身以黜惡；恩所加，則思無因喜以謬賞⑰；罰所及，則思無因怒而濫刑。總此十思，弘茲九德⑱。簡能而任之，擇善而從之，則智者盡其謀，勇者竭其力，仁者播其惠，信者效其忠。文武爭馳，君臣無事，可以盡豫遊之樂，可以養松喬之壽⑲，鳴琴垂拱，不言而化⑳。何必勞神苦思，代下司職，役聰明之耳目，虧無爲之大道哉㉑？

作者

魏徵，字玄成，唐曲城人。少有大志，好讀書，初從李密，密敗，隨密歸唐，初事太子建成。太宗踐阼，擢徵諫議大夫，時太宗勵精圖治，徵喜逢明主，竭智盡慮，犯顏敢諫，前後凡陳二百餘奏，知無不言，彌成貞觀之治。遷尚書左丞，擢秘書監，參預朝政。進侍中，封鄭國公，拜太子太師，卒諡文貞。令狐德棻、孔穎達等撰周、隋等史，徵綜爲損益，稱爲良史。又撰類禮二十卷，太宗命藏之秘府。及徵沒，太宗思之不已，嘗謂侍臣曰：「人以銅爲鏡，可以正衣冠；以古爲鏡，可以見興替；以人爲鏡，可以知得失。魏徵沒，朕亡一鏡矣！」其見重之如此。

①〔浚其泉源〕浚，疏濬也。謂疏濬其泉源。

②〔神器〕指帝位，語出老子。

③〔域內〕域，古作或，邦也，見說文。又泛指一地，亦謂域。域內，指國家。

④〔將崇極天之峻，永保無疆之休〕崇、峻，均高也。休，美也。無疆，無窮盡也。謂居帝位，將至極天之高，長保無窮之美。

⑤〔塞源〕阻塞泉源也。

⑥〔凡百元首，承天景命，莫不殷憂而道著，功成而德衰，有善始者實繁，能克終者蓋寡〕凡百元首，泛指歷代君主。承天，奉天也。景命，大命也。殷憂，深憂也。文選陸機歎逝賦：「在殷憂而弗遠。」道著，謂治道顯著。善始者實繁，指殷憂時也。克終者蓋寡，指德衰時也。

⑦〔縱情以傲物〕謂放縱性情，驕傲對人。晉書謝萬傳：「萬既受任北征，矜豪傲物。」

⑧〔竭誠則胡越爲一體〕胡在北，越在南，本喻疏遠。惟若推誠對人，亦可合爲一體。

⑨〔董〕督正也。

⑩〔可畏惟人〕人，即民。以避太宗諱故，改用人。謂可畏者乃人民也。

⑪〔載舟覆舟〕謂水可載舟，亦可覆舟。語出荀子哀公篇。

⑫〔奔車朽索〕喻危險也。馬駕車而以朽索制馭之，其險可知矣。

⑬〔思謙冲而自牧〕易謙卦初六象辭：「謙謙君子，卑以自牧也。」謙冲，謙虛。牧，養也。謂宜思謙冲而自養其德也。

⑭〔思江海而下百川〕江海以卑，故衆流歸之。喻民之歸君也。謂宜思如江海之下百川，以就民也。

⑮〔思三驅以爲度〕易比卦九五爻辭：「王用三驅。」此指畋獵盤（通般，樂也）遊當有節度，驅禽獸而射之，三度而已。謂宜思以三驅爲度，勿溺。

⑯〔壅蔽〕指言路阻滯，耳目爲蔽。

⑰（思無因喜以謬賞）謬，誤也。賞必有功，謂宜思勿因一時之喜悅而誤賞。

⑱（弘茲九德）弘，大也。九德，見尙書皐陶謨：「寬而栗（性寬弘而莊栗也），柔而立（和柔而能立事），愿而恭（愨愿而恭恪），亂而敬（亂，治也。治而能謹敬），擾而毅（擾，順也。致果爲毅），直而溫（行正直而氣溫和），簡而廉（性簡大而有廉隅），剛而塞（剛斷而實塞），彊而義（無所屈撓動必合義）。謂弘揚九德也。

⑲（可以盡豫遊之樂，可以養松喬之壽）孟子梁惠王篇：「一遊一豫，爲諸侯度。」豫，亦遊也。易林：「壽如松喬，與日月俱。」指赤松子、王子喬，皆古仙人，長壽。謂可以遊樂而享高壽。

⑳（鳴琴垂拱，不言而化）說苑政理：「宓子賤治單父，鳴琴，身不下堂，而單父治。」尙書武成：「垂拱而天下治。」指天子垂衣拱手。皆指無爲而治。謂如鳴琴、垂拱，不言而教化成治。

⑳（虧無爲之大道哉）虧，損也。無爲之大道，老子：「道常無爲而無不爲。」謂有損於無爲而治之大道也。

二十一、流業

蓋人流之業①，十有二焉。有清節家，有法家，有術家，有國體，有器能，有臧否，有伎倆，有智意，有文章，有儒學，有口辨，有雄傑。若夫德行高妙，容止可法，是謂清節之家。延陵晏嬰②是也。建法立制，彊國富人，是謂法家。管仲商鞅③是也。思通道化，策謀奇妙，是謂術家。范蠡張良④是也。兼有三材，三材皆備，其德足以厲風俗，其法足以正天下，其術足以謀廟勝，是謂國體。伊尹呂望⑤是也。兼有三材，三材皆微，其德足以率一國，其法足以正鄉邑，其術足以權事宜，是謂器能。子產西門豹⑥是也。兼有三材之別，各有一流，清節之流不能弘恕，好尚譏訶，分別是非，是謂臧否。子夏⑦之徒是也。法家之流不能創思遠圖，而能受一官之任，錯意施巧，是謂伎倆。張敞趙廣漢⑧是也。術家之流不能創制垂則，而能遭變用權，權智有餘，公正不足，是謂智意。陳平韓安國⑨是也。凡此八業，皆以三材爲本，故雖波流分別，皆爲輕事之材也。能屬文著述，是謂文章。司馬遷班固⑩是也。能傳聖人之業，而不能幹事施政，是謂儒學。毛公貫公⑪是也。辨不入道，而應對資給，是謂口辨。樂毅曹邱生⑫是也。膽力絕眾，材略過人，是謂驍雄。白起韓信⑬是也。凡此十二材，皆人臣之任也，主德不預焉。主德者聰明平淡，總達眾材，而不以事自任者也。是故主道立，則十二材各得其任也。清節之德，師氏之任⑮也。法家之材，司寇之任⑯也。術家之材，三孤之任⑰也。三材純備，三公之任⑱也。三材而微，冢宰之任⑲也。臧否之材，師氏之佐⑳也。智意之材，冢宰之佐也。伎倆之材，司空之任㉑也。儒學之材，安民之任㉒也。文章之材，國史之任㉓也。辨給之材，行人之任㉔也。驍雄之材，將帥之任㉕也。是謂主道得而臣道序，官不易方，而太平用成㉖。若道不平淡，與一材同好，則一材處權，而眾材失任矣。

作者

魏劉邵撰，凡三卷十二篇。邵字孔才，邯鄲人，黃初中官散騎常侍，正始時賜爵關內侯。此書旨在論辨人才，研析流品，爲世所重。

①〔人流之業〕指人之流別、流品。

②〔延陵晏嬰〕延陵，即吳季扎，封於延陵，故名。吳王壽夢有子四人，季扎最賢，壽夢欲立之，季扎讓，不受。後壽夢囑長子諸樊依次傳弟，次餘祭，次餘昧，及季扎，終不受，且逃避，以此古今美之。晏嬰，齊相。事齊靈公、莊公、景公，以節儉力行重於齊。史記稱：「其在朝，君語及之，即危言；語不及之，即危行。國有道，即順命；無道，即衡命。以此三世顯名於諸侯。」

③〔管仲商鞅〕管仲治齊，通貨積財，富國彊兵。行軌里連鄉之制，作內政以寄軍令。亦即寓兵制於軌里連鄉之中，軌里連鄉之長，即帶兵之長。於是齊國既富且强。商鞅治秦，變法圖强。令民爲什伍，行連坐之法，不告姦者腰斬，告姦者與斬敵首同賞。有軍功者受上爵，爲私鬥者服刑。開阡陌、封疆，（按疆界也）集都邑，平賦稅，令民僇力本業，耕織致粟帛多者復其身。於是秦國大治。

④〔范蠡張良〕范蠡仕越，勸越王勾踐卑辭厚禮，獻女樂以媚夫差，賄伯嚭爲越助，忍

辱含羞，久之，勾踐始得脫歸。乃生聚教訓，積二十餘年，終乃滅吳。而蠡則全身遠去，免走狗之烹，明智極矣。張良佐漢王與項羽爭天下，諫封六國，重用韓信，約黥布彭越等弱楚勢，運籌惟幄，迭出奇計，終迫項王敗亡，奠漢帝業。而已則閉戶辟穀，不爭榮利，智矣。

⑤〔伊尹呂望〕伊尹名阿衡，一說官名。夏桀無道，伊尹輔湯伐桀，放桀於鳴條，湯遂有天下。湯崩，伊尹輔湯孫太甲，太甲暴虐，伊尹放之桐宮，三年，太甲悔過，伊尹又迎之授政。進退公忠，悉以利於國爲準，此種風範，世皆美之。　呂望，即太公望。既歸西伯，殷紂無道，乃與西伯陰謀修德，以傾啇政。時天下三分，已歸周二。文王崩，乃輔武王伐紂，牧野一戰，殷紂敗亡，遂興周，多呂望之謀，厥功極偉。參閱史記齊世家及「說苑」中「治國之道愛民而已」文中第②註解。

⑥〔子產西門豹〕子產名公孫僑，治鄭二十七年，行仁政。及其卒，鄭人皆哭泣，孔子聞之曰：「古之遺愛也。」參閱「說苑」中「進賢爲賢」文中第④註解。西門豹　魏人，事魏文侯，爲鄴令。引漳水灌民田，爲民興利，民悅之。鄴俗，每歲巫稱爲阿伯娶婦，例取民女沉之河，鄴人苦之。豹至，及期乃投巫於河，令回報，巫謀遂破，爲

民除害。乃循吏也。

⑦〔子夏〕名卜商。孔門四科，子夏屬文學，序詩、傳易、傳禮。孔子沒，居西河授徒，爲魏文侯師。史記魏世家稱：「文侯受子夏經藝，客段干木，過其閭，未嘗不軾」。文侯由此稱譽於諸侯。

⑧〔張敞趙廣漢〕張敞，平陽人。漢宣帝時，充太中大夫，迭遷山陽太守，膠東相，守京兆尹。善治盜，所至搜斬不遺，吏民歙然。又敢言直諫，不避權貴。敞本治春秋，以經術自輔，往往表賢顯善，故誅罰雖多，終能自全。趙廣漢，涿郡人，少以廉潔通敏稱。漢昭帝時，充陽翟令，以治行優異，遷京輔都尉，守京兆尹。所至嚴懲豪强，不畏貴顯，發姦擿伏，窮治務盡。惜以丞相傅婢有過自殺，廣漢疑丞相夫人妒而殺之，乃自將吏卒突入丞相府，召其夫人跪庭下受辭。丞相魏相上書自陳，事下廷尉，驗知廣漢所指不實，竟坐腰斬。吏民守闕號泣者數萬人。

⑨〔陳平韓安國〕陳平，陽武戶牖鄉人。事項王羽，不得志，乃往歸漢。多智謀，凡六出奇計，尤以漢王被圍困於滎陽，平以重金縱反間，間疏楚君臣，漢王始得夜遁去。又如人有告楚王韓信反，高帝憂之，平勸帝僞出遊雲夢，料信來迎，因而縛之，一力

士足矣。又如脫高帝於平城之圍，其計尤妙。　韓安國，梁成安人。漢景帝時，事梁孝王爲中大夫，吳楚反時，孝王使安國及張羽爲將，禦吳兵於東界，以此名顯。其後景帝怒孝王出入僭於天子，安國以善辯解之。武帝時，遷御史大夫，匈奴請和親，大行王恢力主擊之，安國力主和親，羣臣多附安國。其後王恢欲誘匈奴入塞，漢伏重兵擊之，匈奴覺，未成，王恢獲罪自殺。安國性忠厚，所推薦皆天下廉士，惜因匈奴入邊，安國屯漁陽，失利，竟憂病死。

⑩（司馬遷班固）司馬遷字子長，龍門人。漢武帝時，繼父談爲太史令。遷博學通古今，又遍涉名山大川，繼父志撰太史公書，上起黃帝，下迄太初，紀二千六百餘年之事，爲我國通史鼻祖。遷遭李陵之禍，被罪受腐刑，忍辱發憤，成此鉅著，後世史家咸遵史記爲矩獲，殊鮮出其規範者。遷以一人之力，成此鉅構，不特空前，亦且絕後，信爲古今不世出之良史也。　班固字孟堅，扶風人。漢明帝時，爲蘭臺令史。固承父命成漢書一書，上起漢初，下迄王莽之誅，爲斷代史鉅著。固長於詞賦，有聲於時。後隨竇憲出塞擊匈奴，及憲被罪死，株連及固，竟死獄中。其妹班昭續成其書，弟班超揚名西域，一門俊彥，世所少有。

⑪〔毛公貫公〕毛公趙人，治詩，爲漢河間獻王博士。　貫公魯人，從毛公受詩。實則自漢武帝表彰儒術，罷黜百家以後，儒學獨盛，傳之者多。言詩，則申公，轅固生、韓嬰。言書，則伏生。言易，則田生。言禮，則高堂生。言春秋，則胡母生，董仲舒。其著者也。漢書儒林傳稱：「一經說多至百餘寓言，大師衆至千餘人」，固不僅毛公貫公而已。

⑫〔樂毅曹邱生〕樂毅，詳見「說苑」中「燕昭王求賢」文中第⑤註解。曹邱生，楚人，辯士。漢初季布任俠，重然諾，復得曹邱生爲之譽揚，故名滿天下，時有季布一諾千金之諺。

⑬〔白起韓信〕白起郿人也，善用兵，古之名將。事秦昭王，爲左庶長，將兵迭攻韓、魏、楚，戰必勝，攻必取，輒拔數十城，殺敵兵甚衆。遷大良造，封武安君。昭王四十七年，王齕攻趙，廉頗堅壁不出，秦乃使反間計，誑趙王以趙括代將，秦陰以白起代王齕，起誘趙軍入壁間，射殺趙括，絕趙糧道，趙軍不得食，悉降。起乃詐而盡阬殺趙軍四十五萬人，其計絕慘。其後秦復以王陵攻邯戰，不拔，時起病，秦王欲强起之，起不應，秦王怒，乃逐起，賜劍自裁，起知生平殺戮多，遂自剄於杜郵。　韓信

，詳見「治術舉要」文中第二章「知人」與「韓信編裨而蕭何力諫之」條註解。

⑭〔主德者，聰明平淡，總達衆材，而不以事自任者也。〕主德即主道，指領袖之道。須知人善任，授權臣下，在上無爲，在下始能有爲也。

⑮〔師氏之任〕掌道德教化。

⑯〔司寇之任〕掌刑法。

⑰〔三孤之任〕佐三公論道。

⑱〔三公之任〕坐而論道。

⑲〔冢宰之任〕掌邦治，統百官。

⑳〔佐〕助也。

㉑〔司空之任〕冬官，掌水土之事。

㉒〔安民之任〕從教安民。

㉓〔國史之任〕紀述治亂，垂之後代。

㉔〔行人之任〕掌朝聘、送迎、應答。

㉕〔將帥之任〕掌統轄軍旅，征伐不順。

㉖〔主道得，而臣道序，官不易方，而太平用成。〕指主道得所，臣下各司其職，垂拱而治，太平遂成。

統論序

昔孔子作春秋，嚴於褒貶。後之良史，踵而效之。誠以史者，非僅記述而已。夫政治有隆替，學術有是非，人而有善惡，仕而有功過，風俗有良窳，豈可無高下之分哉？孔子之褒貶，乃我中華民族正氣精神之所寄，至足遵法。余讀國史，於崇仰先聖之餘，特於後儒爭論之政統與道統，多加留意。因抒己見，持論較嚴，亦春秋責善之意耳。世之識者，希指正之！

正統與道統

統論者，政統、道統是也。政統道統之說，由來已久，以其或關族國盛衰，或繫世道榮退，其形雖隱，影響至大，故併論之。

一、政統

政統也者，指歷代合法政權傳承之統緒也，即正統也。自來論之者頗多，有以混一九州爲主者，有以承授有自爲主者，有以據有中原爲主者，爭論不一。要之，余意以凡得天下以正者與之，應無異議。何者爲正？凡以禪讓、力取、或革命得之者，皆許之爲正統。何者不正？凡以篡奪、竊據、或巧取得之者，皆屬不正。準是以論，堯舜之後，夏、商、周、秦、漢、唐、明七代，皆得之以正者，宜爲正統。元、清入主，時移勢異，今昔論者不同，暫不論例。晉、隋篡奪，趙宋巧取，雖皆暫一統，然得之非正也。三國鼎立，蜀雖偏遠，得之以正，宜爲正統。宋、齊、梁、陳，俱屬篡竊，自不足取。五代紛爭，壞亂極矣。朱溫篡唐，殘暴窮凶，淫行流衍，污及子媳。石晉獻地，甘爲兒皇，兩最卑鄙，烏足稱尊？嗚呼！是皆民族之罪人，宜削其朝號，別以代之。

余昔籌維，代之之法，莫如易以紀年。如以「唐後」某年月日書之，並附「僞梁」「僞晉」年月，以資對照。如此貶之！蜀漢之於魏吳，東晉之於宋、齊、梁、陳，亦復如是。夫如是，始足使後之人得知某也正統，某也僞朝，以寓褒貶，以別善惡。

或曰：「司馬溫公論三國之統，則正魏而閏蜀。何以異哉？」余曰此則處境使然。夫宋祚得之於後周，亦猶曹魏之祚得之於漢，溫公爲宋臣，爲宋統計，不得不佑魏耳。此亦公之所難也。

或者又曰：「如君所論，凡以禪讓、力取、或革命得之者，皆許之爲正統。若力取而殘民以暴，殺人盈野，如此而得天下者，亦許之乎？」余曰不可。所貴乎禪讓，必也以仁傳仁。所貴乎力取、革命，必也爲民除暴，易亂爲治。豈徒力取而已哉？

余觀自古得天下以正者，除秦以外，享祚十九皆長，國勢亦皆彊盛。凡得天下以不正者，除晉、宋之外，率皆旋得旋失，國勢亦皆衰弱不堪。晉、宋享祚較長，然而積弱極矣，爲我漢族受異族侵凌之最黑暗時期，豈非以其得之易，而無雄略遠圖以副之乎？秦之速亡也，失在不仁。雖開大一統之局，使天下車同軌，書同文，行同倫，有其貢獻。然而不識治道，欲以峻法控制天下，致一夫揭竿，天下景從，不旋踵而覆滅，可爲恃力而不恃德者之鑑。可懼之哉！

夫史之可貴，在別善惡，明是非，歷千百世後讀之使人不禁嘆曰：某朝也正，開國創制，光明俊偉，故國勢彊而享祚久。某朝也僞，得之不正而治之無方，故旋即流於敗亡，或衰弱不振。此則皆關族國盛衰，繫世道榮退，其勢使然。後之史家允宜爲之正名，庶乎使國史之統，臻於至公，爲後世法。若使無分正僞，一概許之，烏足稱信史哉？且史之價值安在？

二、道統

道統也者，指儒家聖聖相傳見道之統緒也。昔孔子祖述堯舜，憲章文武，後之儒者，遂以堯、舜、禹、湯、文、武、周公、孔子，爲大道遞承之代表人物。孔子之後，昌黎獨尊孟子，孟子之後，晦庵力尊二程兄弟，自是以後，歷代師儒君相率多重視其傳，尊之曰道統。以其爲儒家嫡傳，且居承先啓後垂教群倫之位焉。

孔子何以祖述堯舜，憲章文武？蓋古者堯舜拯斯民於袵蓆，至周初則典章大備，是皆大有功於民，故孔子述而則之，以昭後世。所述者何？即堯舜授受之道是也。昔堯之授舜也，曰：「咨爾舜，天之曆數在爾躬，允執厥中。」舜之授禹也，曰：「人心惟危，道心惟微，惟精惟一，允執厥中。」是知「執中」爲儒家大道之所寄也明矣。其後孔子益之以「仁」，仁者乃具衆善而應萬事之德也。孟子又益之以「義」，義者乃循仁而必如是爲之之理也。子思則繼孔曾闡揚中道，說至精微。儒家爲學次第，有三綱領，曰：明明德、親民、止於至善。有八條目，曰：格物、致知、誠意、正心、修身、齊家、治國、平天下。格、致、誠、正、修者，修身之事也，齊、治、平者，治人之事也，體系完整，目標遠大。至是而儒家之道始超乎各家，以其皆從人性本然之善致力，爲世所宗。此即儒家修己治人內聖外王之道，所謂道統之傳，即傳此也。

夫各家宜皆有統，何以自古獨尊儒哉？誠以儒家之道，重人倫，明教化，勵公忠，正紀綱，有裨治道。故自漢表章儒術罷黜百家而來，後之人主率多循而行之，歷二千餘年而不衰，是儒家之功大矣。

或曰：「勘亂定危，强兵富國，非儒之所長。然則儒家之爲用，亦有限矣。」余曰不然。自古開創新局，馬上得之，馬上能治之乎？勘定之功，儒或稍遜，然勘定之後，必需圖治，若漢光武，若唐太宗，何一而非於天下已定，繼之崇講儒術以爲治乎？

吾觀周之衰也，有孔孟，五季之後，有程朱，此正喪亂之餘，亟需儒學有以振之。我中華民族之所以屹立於世五千餘年，迭遭巨挫而能復振之者，儒學之功，於是爲大。然則道統之傳，豈可少乎？

夫任何學術思想，要在經世致用，儒家之道不外修己治人，修己之事或可歷千百世而不變，治人之道則今昔迥異。古代之家與今日之家不同，齊家之道，豈可一仍舊說？古之天下與今之天下不同，以儒家之道平治今日世界林林總總約一百六七十國之天下，能乎？時至現在，儒家之道勢須因時而變矣。

然則如何而變？曰：因時立言，以求致用，一也。守經用權，能變通，二也。若顧亭林、顏習齋之倡實學，此因時立言之例也。若諸葛儒者，而能以峻法治蜀，此守經用權之例也。史稱諸葛亮之爲相也，開誠心，布公道。盡忠益時者，雖讎必賞；犯法怠慢者，雖親必罰；服罪輸情者，雖重必釋；游辭巧飾者，雖輕必戮。善無微而不賞，惡無纖而不貶，終於邦域之內，咸畏而愛之。刑政雖峻，而無怨者，以其用心平而勸戒明也。是知眞儒固不必爲小仁小義而拘謹自縛也。余認孟子之後，惟諸葛始足繼其統，以其有儒者之行而無其迂也。

苟有人焉，能爲諸葛之儒，守經用權；或成一家之言，變以圖功。是則必爲非常之人，不同固陋，可謂儒家之英，足以繼承儒家道統矣。余跂而望之！

余述此篇既竟，或有人問曰：「政統道統之說，影響於後世也至微，何足重乎？」余曰不然。設無良史，後人焉知識正僞，辨忠奸，以資取法乎？設無儒家，後人焉知重人倫，守禮法，以建綱常乎？嗚呼，良史之與孔孟，偉矣！

本書研究治國之道，著者痛感自西學東來，學者多强調政治制度，重視普選也，政黨也，集權也，分權也，內閣制也，總統制也，以此衡量某國民主也，某國獨裁也，此固是也。惟忽視當權施政之人賢否，爲一缺失。余認任何良好制度，若無公忠體國之人行之，必然百弊叢生，今世假民主政制之名，行變相獨裁之實者，亦不乏見。因竭智慮撰成是書，並集古人高論多首，備爲當政者取法典範。企望一國既有良好政治制度，又有公忠體國之人行之，豈不美歟？故當政者必讀是書，即有志參選擠入政界之士，亦應熟讀是書，他日俾能身體力行也。